AF337992

TROIS SEMAINES

DE

L'HISTOIRE D'UN PEUPLE LIBRE

Imprimerie Bonaventure et Ducessois, 55, quai des Grands-Augustins.

TROIS SEMAINES

DE

L'HISTOIRE D'UN PEUPLE LIBRE

PAR

J. SAINT-ANGE.

Magnus ab integro sæclorum nascitur ordo!

VIRGILE, 1.

PARIS

CHAMEROT, LIBRAIRE-ÉDITEUR,

13, rue du Jardinet.

1848

TROIS SEMAINES

DE L'HISTOIRE D'UN PEUPLE LIBRE.

PREMIÈRE PARTIE.

LES ÉVÉNEMENTS DE FÉVRIER 1848.

Lutte et Triomphe.

Un ministère ennemi entraînant dans sa chute une royauté aveugle, une famille élevée par le peuple, renversée par le peuple pour avoir renié son sacre populaire ; le pouvoir tombant du mépris dans la violence, de la boue dans le sang, puis implorant après avoir menacé, courbant la tête après avoir jeté le défi, fuyant après avoir provoqué ; la nation forte de son droit se levant en armes pour le défendre, grande et irrésistible dans la lutte, généreuse et modérée après la victoire ; le peuple de Paris rentrant en maître dans le palais de la monarchie pour y prononcer sa déchéance ; le dernier roi fuyant avec sa famille, le dernier trône brûlé au pied du monument de Juillet ; la République proclamée par toutes les voix, accueillie par tous les cœurs... Voilà ce que nous avons vu tous dans les mémorables journées des 22, 23 et 24 Février 1848. Et cette réalité était si belle que chacun s'écriait : C'est un rêve !

Non ce n'était pas un rêve, c'était le réveil plutôt, le réveil d'un peuple retrouvant des institutions libres sous un gouvernement libre. Et aux yeux émerveillés flottait le vrai drapeau national, les couleurs de la République Française portant la devise Républicaine : *Liberté. Egalité, Fraternité.*

Liberté ! Et chacun se sentait libre, chacun se sentait heureux.

Egalité ! Et les rangs se confondaient ; l'ouvrier, l'étudiant, le garde national marchaient ensemble vers le même but.

Fraternité ! Et toutes les mains se serraient dans de fraternelles étreintes.

République Française ! Et cent mille poitrines criaient : *Vive la République !*

§ 1. Faits historiques.

Si nous cherchons les véritables causes de la grande Révolution accomplie sous nos yeux, nous les trouverons dans une série de faits, s'enchaînant les uns-aux autres, remontant pour la plupart aux premières années de la monarchie déchue et pouvant se résumer par un mot : *Contre-Révolution* organisée par la royauté sortie de la Révolution de Juillet. La défiance du pouvoir, l'impopularité des ministres, les intérêts d'une nation sacrifiés aux besoins d'une dynastie, les emplois donnés à la faveur, les finances ruinées, les honneurs avilis, la nation officielle discréditée, le scandale dans les mœurs, la honte dans la politique, l'argent devenu le dieu de la royauté et cherchant à devenir celui de la nation, les peuples amis trahis ou abandonnés, des alliances contraires aux intérêts ou aux sympathies de la France, au dedans l'oubli de toute pudeur, la corruption effrénée, au dehors l'oubli de toute dignité, l'humiliation du drapeau national. Enfin une lassitude de dix-huit années n'attendant qu'une occasion pour éclater.

A ces causes générales, joignons le licenciement illégal des gardes nationales dans les plus grandes villes du royaume, telles que Lille, Lyon, Strasbourg, Saint-Étienne, Metz, etc. Des procès scandaleux dont l'ignominie remontait jusqu'au pouvoir. Et l'année dernière une famine factice plutôt que réelle, augmentée par la spéculation ; puis les désordres qui la suivirent réprimés par des actes violents au lieu d'être prévenus par de sages mesures, et aboutissant à l'écha-faud de Buzançais. Le peuple s'en est souvenu pendant ces derniers jours, car ce qu'il faut au peuple, c'est du pain et un gouvernement honnête.

Les causes existaient donc ; l'occasion ne se fit pas attendre. L'opposition, lasse de parler à des sourds, veut essayer si la grande voix du pays sera plus écoutée que la sienne. Elle réclamait une *réforme électorale et parlementaire*, dont la nécessité et l'opportunité étaient senties par tous. Un *banquet réformiste* est organisé à Paris et suivi de soixante-et-dix banquets dans les villes les plus populeuses du royaume. Le ministère ne veut voir dans ces manifestations pacifiques et modérées qu'une agitation illégale et compromettante qu'il flétrit, par la bouche du souverain, du nom de *passions aveugles et ennemies*. L'injure est sanctionnée par le vote d'une majorité faible ou corrompue. C'est un défi imprudent. Il est relevé par la minorité parlementaire. La lutte s'engage. Le ministère exhumant des archives législatives un vieux décret de police étranger à la question, puis jetant le masque et substituant au droit l'arbitraire et le bon plaisir, déclare qu'il s'opposera aux réunions politiques. L'opposition proteste, la France s'indigne. Une résistance légale à laquelle prendront part toutes les nuances de l'opposition s'organise activement. Le banquet du 12e arrondissement aura lieu malgré le pouvoir ; le local est choisi, le président est nommé, le rendez-vous est donné sur la place de la Madeleine aux personnes qui doivent en faire partie, trois pairs de France, cent députés de l'opposition, de nombreux délégués des écoles, des officiers de toutes les légions de la garde nationale. Les gardes nationaux sont invités à leur servir de cortége en uniforme et sans armes. Dans cette convocation des écoles et de la garde nationale, le gouvernement du roi prétend voir une usurpation du pouvoir exécutif et proclame qu'il s'opposera à la réunion par l'emploi de la *force*. C'est alors que l'opposition, représentée par M. Odilon-Barrot, recule devant la responsabilité d'une collision inévitable. L'opposition s'abstiendra de toute manifestation publique, le banquet est ajourné. Déjà la majorité triomphe, M. Duchâtel félicite ironiquement M. Odilon-Barrot de sa sagesse et de sa modération, que le peuple qualifie autrement.

Le rôle des députés est fini, celui des citoyens commence. Désormais la tribune est sur la place publique, la lutte est dans la rue, l'opposition se retranche au coin des carrefours. Sur ce terrain elle ne reculera plus. Hier c'était l'agitation, aujourd'hui c'est l'émeute, demain ce sera la Révolution.

Nous raconterons brièvement ces événements si rapides et si glorieux. Nous en sommes trop loin déjà pour en faire le journal, trop près encore pour en écrire l'histoire.

Le 22 *Février*, la minorité parlementaire qui sent lui échapper à la fois sa force et sa popularité, qui se sent dépassée, vient faire son dernier acte d'opposition constitutionnelle. Elle dépose sur le bureau du président la mise en accusation des ministres comme coupables :

1º D'avoir trahi au dehors l'honneur et les intérêts de la France ;

2º D'avoir faussé les principes de la constitution, violé les garanties de la liberté et attenté aux droits des citoyens ;

3º D'avoir, par une corruption systématique, tenté de substituer à la libre expression de l'opinion publique les calculs de l'intérêt privé, et de pervertir ainsi le gouvernement représentatif ;

4º D'avoir trafiqué, dans un intérêt ministériel, des fonctions publiques, ainsi que de tous les attributs et priviléges du pouvoir ;

5º D'avoir, dans le même intérêt, ruiné les finances de l'État et compromis ainsi les forces et la grandeur nationales ;

6º D'avoir violemment dépouillé les citoyens d'un droit inhérent à toute constitution libre, et dont l'exercice leur avait été garanti par la Charte, par les lois et par les précédents ;

7º D'avoir enfin, par une politique ouvertement contre-révolutionnaire, remis en question toutes les conquêtes de nos deux Révolutions et jeté dans le pays une perturbation profonde.

Pendant que la gauche déposait cet acte revêtu de cinquante-quatre signatures et accomplissait ainsi un devoir qui était la dernière limite de son audace, le peuple qui n'avait pas abdiqué son droit de résistance se pressait en masses compactes et tumultueuses au lieu du rendez-vous manqué, envahissait les boulevards jusqu'à la Madeleine et débordait sur la place de la Concorde, sur les Champs-Élysées, en face de ce palais ou siégeaient et ceux qu'il appelait ses ennemis et ceux qu'il n'osait plus nommer ses défenseurs, presque aussi irrité contre les députés inconséquents que contre les ministres prévaricateurs.

Le pont de la Concorde était gardé par une armée entière, et défendu par des pièces d'artillerie. Les groupes étaient émus, agités, mais pas encore agressifs; partout les boutiques étaient encore ouvertes, partout la circulation était libre.

Vers midi et demi, le marché de la Madeleine est occupé militairement par une compagnie de soldats de la ligne et un détachement de municipaux à cheval. La ligne a un air morne et affligé, elle remplit à contre-cœur un pénible devoir; les municipaux, au contraire, ont un air insolent et provocateur. Habituée dès longtemps à être l'instrument des répressions violentes, cette garde prétorienne marche aux émeutes comme à la parade.

Des cris se sont fait entendre: *Vive la Réforme !* et la garde municipale de se lancer à fond de train, de charger à l'arme blanche... Au cri: *Vive la Réforme !* se joint cet autre cri: *A bas les municipaux !* Dès-lors les municipaux passent de la violence à la brutalité... Une vieille femme est écrasée sous les pieds des chevaux. Plusieurs personnes sont obligées de se précipiter dans les fossés de la place de la Concorde, pour échapper au même danger.

Vers trois heures, les boutiques se ferment de toutes parts; à quatre heures, ce sont les passages. Tout Paris est dans la rue ou aux fenêtres; le peuple commence à se défendre, il n'a pas d'armes encore. Aux charges de cavalerie, il répond par des coups de pierres; les blessés sont déjà nombreux.

Ce sont les victimes de la garde municipale, car la ligne est restée neutre. Aux cris: *Vive la ligne ! Vivent les dragons !* les officiers ont répondu par des saluts pleins de courtoisie, et les soldats ont imité les officiers.

Des essais de barricades ont été faits dans la rue de Rivoli, dans la rue Saint-Honoré; ces rues ont été en partie dépavées; un poste abandonné a été incendié aux Champs-Élysées.

La garde nationale n'avait pas encore été convoquée, on la savait hostile au ministère, et désireuse d'une réforme: on voulait s'en passer. Cependant, vers cinq heures, le rappel fut battu dans les rues; mais la garde nationale, justement offensée, refusa son concours au pouvoir qui avait méconnu ses droits et suspecté sa loyauté. Peu de citoyens répondirent à cet appel tardif, et ceux qui se présentèrent venaient pour *maintenir l'ordre, non pour réprimer le mouvement.*

Vers le soir, l'émeute avait quitté son premier centre pour refluer vers les extrémités; les faubourgs construisaient leurs barricades et se préparaient à des luttes plus sérieuses. Pendant quelques heures, des groupes nombreux et en partie armés se promenèrent dans les rues et sur les boulevards, chantant la *Marseillaise* et le *Chant des Girondins*, puis, les troupes auxquelles on avait abandonné le champ de bataille occupèrent toutes les places, s'échelonnèrent le long de toutes les rues, et Paris s'endormit, paisible en apparence, mais inquiet du lendemain, et agité par l'attente de grands événements.

Le 23 *février*, dès le matin, la place du Carousel présentait l'aspect d'un camp fortifié. Un escadron de cuirassiers, un escadron de dragons, tout un régiment d'infanterie, plusieurs bouches à feu et plusieurs compagnies de la garde municipale à pied et à cheval avaient bivouaqué là toute la nuit, feux allumés, veillant au salut de la royauté. Les soldats avaient la hache et la pioche de campement, et des vivres pour huit jours, comme pour une longue guerre.—Avec le peuple, la guerre n'est jamais longue, il ne lui faut que trois jours pour vaincre ou pour mourir.

Cette fois, le peuple avait pris les devants, il voulait commencer sa journée de bonne heure. Il avait trouvé des armes, fabriqué de la poudre, fondu des balles.—Avec le jour il commença ses barricades... Elles furent promptement achevées. Il y en avait de formidables, de majestueuses, quelques-unes étaient construites avec une véritable science stratégique, d'autres étaient remarquables par leur élévation, toutes allaient être défendues avec un courage héroïque, toutes étaient dignes de devenir les forteresses de la liberté.

Il y en avait au centre de Paris et aux extrémités, dans les faubourgs, dans les carrefours, dans les rues Saint-Denis, Saint-Martin, rue Montmartre, rue de Cléry, rue Neuve-Saint-Eustache, au Temple et dans toutes les rues voisines. La fusillade s'engagea sur plusieurs points, rue du Cadran, rue du Petit-Carreau, rue Quincampoix ; il y eut des attaques énergiques, des résistances désespérées ; plusieurs morts, beaucoup de blessés. Nombre de barricades ne furent emportées qu'après trois ou quatre charges réitérées.

En même temps, le maréchal duc d'Isly parcourait la ligne des boulevards, suivi de son état-major, saluant à droite, saluant à gauche, saluant l'ouvrier, saluant la garde nationale, et recueillant, en réponse à ses saluts, des témoignages non équivoques de son immense impopularité.

Déjà, en comprenant le danger, le pouvoir avait compris un de ses devoirs. Au point du jour, la garde nationale fut invitée à prendre les armes. Au rappel de la veille avait succédé la générale. Les citoyens firent leur devoir et coururent à leur poste ; mais à leur contenance, on devinait qu'ils regardaient les ouvriers comme des frères, le gouvernement comme un ennemi.

Aux cris : *Vive la garde nationale !* poussés par les combattants, ils répondaient : *Vive la Réforme !* Sur la place des Petits-Pères, un bataillon de la 3e légion, officier en tête, donna à ce mot d'ordre une sanction presque officielle en criant tout entier sous les armes : *Vive la Réforme !*

Sur d'autres points, la garde nationale s'interposait entre les citoyens et la garde municipale ou les chasseurs. Six grenadiers de la 3e légion croisaient la baïonnette devant un escadron de cuirassiers, et l'escadron rebroussait chemin, respectant dans ces six hommes l'institution à laquelle la loi a confié le salut de la constitution. Rue Lepelletier, M. Delaborde, commandant de la 2e légion, s'avançait seul au devant d'un fort détachement de cavalerie, disant : «Messieurs, vous ne passerez pas, le quartier est tranquille, nous n'avons que faire de votre présence. » En même temps les gardes nationaux criaient : *Vive la Réforme ! A bas Guizot !* et la cavalerie se retira.

Partout le peuple s'empressait, sympathique et reconnaissant, autour de la garde nationale, l'aidait à franchir ses barricades et balayait sur son passage les verres cassés jetés dans la rue pour arrêter les charges de cavalerie.

Déjà plusieurs postes ont été désarmés ou ont donné leur armes ; la troupe de ligne se montre partout peu empressée à défendre le ministère contre le peuple, et le peuple crie : *Vive la ligne !* La garde municipale seule résiste à outrance, accoutumée à ces sortes de boucheries, ou cédant à des ordres impitoyables.

Cependant le roi commence à comprendre qu'il y a dans l'air autre chose qu'une émeute, et que, pour le sauver, il faut autre chose que le dévouement soldé de la garde municipale. Il se décide à une concession ; il a demandé ou accepté la démission des ministres. Dès trois heures, M. Molé, mandé au château, a composé un cabinet, où son nom figure à côté des noms de MM. Dufaure et Passy.

Mais avant que ce changement ait pu être annoncé à la ville de Paris, beaucoup de sang a encore coulé.

Et puis, faute impardonnable, les ministres démissionnaires ont conservé l'intérim, assis à leurs bancs, cachant leurs frayeurs sous un redoublement d'insolence; pendant que le sang coule, aux interpellations sur les événements, ils répondent en demandant la suite de la discussion sur la banque de Bordeaux.

Mais le peuple, si prompt à pardonner, apprenant le changement de ministère, se contente de cette concession insignifiante, arrachée par la peur; il oublie le châtiment, déjà il a oublié l'offense. La fusillade a cessé, la circulation est rétablie, la sécurité est revenue. Des groupes animés, mais qui n'ont plus rien d'hostile, circulent dans toutes les rues; des promeneurs, des curieux, se pressent sur les boulevards; des femmes, des enfants, se mêlent sans crainte aux combattants de tout-à-l'heure ; la joie est sur toutes les figures, plus que jamais le peuple fraternise avec la garde nationale. Quand arrive la nuit, Paris est brillamment illuminé comme pour une fête; chaque fenêtre est jalouse de jeter sa part de lumière sur la victoire du peuple.

Vers neuf heures, un malheur, un crime peut-être, vint changer ce jour de fête en un jour de deuil. Des groupes nombreux et chantant des airs patriotiques se promenaient sur la chaussée des boulevards, mêlés à de nombreux gardes nationaux. A la hauteur de l'hôtel des Capucines, ils furent reçus par une décharge de la ligne. Obéissant à un ordre barbare ou à une méprise déplorable, la garnison du ministère avait tiré sur des citoyens inoffensifs, tué ou blessé plus de soixante hommes, parmi lesquels plusieurs gardes nationaux.

Le peuple releva ses morts et poussa son premier cri de vengeance. Jusque là il s'était battu sans colère pour défendre son droit ; maintenant il va se lever sublime de fureur pour venger ses frères égorgés.

Les blessés sont recueillis et pansés ; les morts entassés dans une charrette sont traînés, par le peuple d'abord, rue Lepelletier, aux bureaux du *National* où ce cri se fait entendre : *Vengeons nos frères !*

Un enfant plonge ses mains dans la blessure d'un de ces cadavres et les retirant rouges de sang : — «Les voyez-vous! dit-il, je jure de ne les laver que lorsqu'ils seront vengés.» Et le char funèbre, suivi de son cortége vengeur, reprenait sa marche à travers les boulevards jusqu'à la place de la Bastille, et partout sur son passage l'illumination s'éteignait, la foule indignée courait aux armes. Le peuple criait : *Vengeons nos frères !* Et aux cris du peuple se joignait la voix sinistre du tocsin ; chaque clocher criait à la ville : *Aux armes ! aux armes ! vengez vos frères !*

La nuit se passa au château en délibération. M. Thiers appelé par le roi qui, naguère l'avait déclaré *impossible* et qui maintenant le trouvait à peine suffisant, proposa la combinaison suivante qui fut acceptée : MM. Thiers, Odilon Barrot, Lamoricière, Duvergier de Hauranne et Rémusat.

Mais la nouvelle ne fut connue que lorsque la lutte avait déjà recommencé. Le *Moniteur* donnait encore la nomination Molé et publiait dans ses colonnes deux ordonnances à la date du 23 février, signées Duchâtel et Trézel. Le roi s'obstinait à conserver à la tête de la garde nationale le maréchal Bugeaud, qu'il savait dévoué à ses intérêts, que le peuple savait hostile à ses libertés.

Ce n'est qu'à dix heures que fut affichée la proclamation suivante

« Citoyens de Paris !

« L'ordre est donné de suspendre le feu. Nous venons d'être
« chargés par le roi de composer un ministère. La Chambre va être
« dissoute. Le général Lamoricière est nommé commandant en chef
« de la garde nationale de Paris.

« MM. Odilon Barrot, Thiers, Lamoricière, Duvergier de Hau-
« ranne sont ministres.

« *Liberté !—Ordre !—Union !—Réformes !*

« Signé : Odilon Barrot et Thiers. »

Mais c'était encore trop peu. Chaque rue avait désormais sa barricade. Paris était au peuple. Le peuple avait été trompé, il devenait
exigeant ; il ne lui fallait plus un changement ministériel, il deman-
dait une abdication. Il ne criait plus : *A bas Guizot!* il criait : *A
bas Louis-Philippe !*

Le roi tenait conseil au château, entouré des nouveaux ministres
et de quelques députés de l'opposition, parmi lesquels MM. de Mal-
leville, Lacrosse, Jules de Lasteyrie, Emile de Girardin et Quinette.
Le mot d'abdication fut prononcé bien bas par M. Thiers et ne réussit d'abord qu'à irriter le roi. M. Thiers balbutia quelques excuses...
Mais les nouvelles se succédaient de plus en plus alarmantes. Vers
midi, le roi se leva, s'approcha d'une table et écrivit ces mots :

« Je dépose la couronne que le vœu de la nation m'avait donnée
en juillet 1830 ;

« J'abdique en faveur de mon petit-fils bien-aimé le comte de
Paris. »

Marie-Amélie s'était jetée à son cou; elle pleurait et le suppliait
de résister. Et puis cette reine, que Paris a connue si douce et si ré-
signée, s'indignait, s'irritait et, comme autrefois Anne d'Autriche,
elle serrait les poings avec colère en disant : « Sire, vous cédez à
une émeute, on vous fait peur. »

Et pourtant, ce sacrifice si péniblement arraché, si violemment
combattu, est désormais inutile.

Il est trop tard !

Il est trop tard pour les rois, sire! la France n'en veut plus. En abusant de la France, vous avez usé la royauté. Sans vous, elle eût pu durer quelques années encore, vous l'avez rendue impossible. Merci !

Bonaparte aussi, Charles X aussi ont voulu abdiquer en faveur de leur héritier ; mais le peuple vainqueur, reprenant son droit de souveraineté le délègue à qui il veut, et ne souffre pas qu'on lui impose des conditions. Le peuple a raison.

Un dernier effort va être tenté pour sauver la dynastie. La veuve du prince royal, à pied, vêtue de noir, tenant par la main ses deux enfants, s'achemine vers la Chambre des députés, accompagnée du duc de Nemours et de M. Dupin. Elle espère encore sauver la couronne de son fils. Il est trop tard, madame, il est trop tard. Cet enfant est innocent des crimes de son aïeul, c'est vrai, mais il porte en lui le péché originel de sa race.

Ce voyage au palais Bourbon, c'est le premier relai sur la route de l'exil.

Le château va être cerné par le peuple et les légions réunies de la garde nationale. L'heure est venue, il faut partir. Le vieux roi se décide à faire retirer les troupes, à fuir lui-même. Appuyé sur le bras de la reine, il traverse la terrasse du bord de l'eau et gagne la place de la Concorde. Là se trouvent deux petits coupés noirs à un cheval ; ils montent dans le premier et partent, ventre à terre, escortés par la cavalerie de ligne et la garde nationale à cheval, et conduits par le dernier des fidèles, le général T. de Rumigny, aide-de-camp du roi ; ils vont à Neuilly.—Route d'Angleterre !

En même temps le peuple envahit les Tuileries, étonné et presque inquiet d'avoir rencontré si peu de résistance.

Le peuple, modéré jusque dans son triomphe, fut admirable d'ordre pendant cette prise de possession nationale. Pas de pillage, pas de destruction ! Si quelques soustractions ont été commises, c'est par des voleurs de profession, qui profitaient du trouble pour exercer leur industrie ; si quelques dégâts ont eu lieu, ce sont des accidents involontaires plutôt que des actes de vandalisme intentionné. Le peuple rendant la justice sur la place publique portait des écriteaux sur lesquels on lisait : *Mort aux voleurs !* Et les voleurs étaient fusillés sur place.

Aimant à reconnaître toutes les supériorités qui ne lui sont pas imposées, le peuple, loin de se défier des hommes mieux vêtus que lui, les entourait avec déférence, leur demandant des conseils, obéissant presque à leurs ordres. Les jeunes gens des écoles surtout et, avant tous, les élèves de l'Ecole polytechnique, soldats par l'uniforme et plus encore par le cœur, avaient sur les hommes du peuple une influence immense qu'ils ont fait servir au maintien de l'ordre.

Le peuple régnait aux Tuileries, et cependant tout n'était pas fini encore. Le poste du Château d'eau, occupé par 184 hommes du quatorzième de ligne, avait refusé de livrer ses armes et opposait une résistance désespérée aux ouvriers et à la garde nationale réunis, qui déjà étaient maîtres du Palais-Royal. Le commandant du poste avait été tué d'un coup de baïonnette. Le général Lamoricière y avait été blessé en voulant parlementer. La lutte fut longue et meurtrière. On eut à déplorer dans les rangs du peuple beaucoup de morts, beaucoup de blessés... Morts sublimes ! Blessés héroïques ! Nous en avons vu un, un ouvrier, qui tombé avec deux balles dans la cuisse, agitait sa caquette en l'air et criait : *Vive la liberté !*

Quand le poste fut enlevé, on y mit le feu, puis un cri se fit entendre : *Au château ! au château !* On y courut ; mais au lieu d'y trouver un ennemi à chasser, le peuple n'y rencontra que des frères à embrasser.

Une autre scène se passait à la Chambre des Députés. La duchesse d'Orléans pénètre dans la salle des séances et prend place dans l'hémicycle sur des siéges disposés à la hâte. M. Dupin, sur l'invitation de M. Lacrosse, monte à la tribune et demande aux députés la couronne pour le comte de Paris, la Régence pour la duchesse d'Orléans. M. Odilon Barrot parle dans les mêmes termes. MM. Marie, Lamartine et Ledru-Rollin protestent au nom de la loi contre la violence morale qu'on veut faire à la Chambre. Il y a une loi de régence qui ne peut être abrogée régulièrement que par une loi. La Chambre ne doit pas usurper un pouvoir qui ne lui appartient pas. D'ailleurs le peuple au-dessus des lois et des Chambres a manifesté ses volontés souveraines, il ne veut plus de rois. M. de La Roche-Jacquelin prononce le véritable mot de la situation : « Aujourd'hui vous n'êtes rien ici, vous n'êtes plus rien. » Le président, jaloux jusqu'à la fin des prérogatives parlementaires, finit par un rappel à l'ordre, puis, le tumulte croissant, il se couvre. A ce moment, le flot populaire déborde des tribunes dans la salle, le peuple armé envahit l'hémicycle, s'élance sur les gradins. On crie : *A bas le président! à bas le chapeau! chapeau bas!* Et M. Sauzet est obligé de se découvrir devant la majesté populaire. Alors c'est un tumulte effrayant, un bruit confus de voix d'où sort ce cri : *La République !*

La République ! oui c'est bien là le vœu du peuple parisien. Hier il se battait pour la Réforme et contre des ministres ; aujourd'hui, il s'est battu contre la Royauté et pour la République. Ce matin, partout sur les barricades, le drapeau rouge a remplacé le drapeau tricolore.

Le drapeau rouge ne restera pas, ce n'est pas le drapeau national, le vieux drapeau de la République Française « *Qui a fait le tour du monde avec nos gloires et nos libertés;* » mais comme drapeau de transition, il était vraiment l'expression de la volonté populaire. C'était une menace éclatante contre la royauté agressive ; un symbole du peuple acharné jusqu'au sang contre qui l'opprime, dévoué jusqu'à la mort pour qui le sert. Le drapeau rouge n'est pas le drapeau du gouvernement républicain ; mais c'est l'étendard de l'insurrection républicaine.

Revenons à la Chambre. La duchesse et les princes se sont retirés à grand'peine ; M. Sauzet a abandonné son fauteuil, les centres ont quitté leurs bancs. M. Dupont (de l'Eure) préside cette étonnante assemblée composée de députés, de gardes nationaux et d'hommes du peuple, où chacun prend la parole, celui qui veut ou plutôt celui qui peut. Enfin M. de Lamartine, M. Ledru-Rollin parviennent à faire entendre leur voix. Le peuple a demandé la République, la République sera proclamée ; le peuple a demandé un gouvernement provisoire, il va le nommer lui-même.

M. LEDRU-ROLLIN. Un gouvernement provisoire ne peut pas s'organiser d'une manière légère. Je vais lire les noms, vous les approuverez ou les repousserez. — (Il lit les noms de MM. Dupont de l'Eure, Arago, Crémieux, Garnier-Pagès et son propre nom, qui tous sont acceptés avec acclamations.)

2.

M. Ledru-Rollin. Nous sommes obligés de lever la séance pour nous rendre au siége du gouvernement.

Le peuple : *A l'Hôtel de Ville ! Vive la République !*

A cinq heures le Gouvernement Provisoire s'est constitué à l'Hôtel de Ville, entouré d'une foule toute frémissante d'enthousiasme et demandant à grands cris : la République. M. Louis Blanc a paru et du haut des marches de l'Hôtel de Ville a annoncé au peuple que le Gouvernement voulait la République.

Les proclamations suivantes couvrent bientôt les murs de Paris.

AU NOM DU PEUPLE FRANÇAIS !

PROCLAMATION DU GOUVERNEMENT PROVISOIRE AU PEUPLE FRANÇAIS :

« Un gouvernement oligarchique et rétrograde vient d'être renversé par l'héroïsme du peuple de Paris. Ce gouvernement s'est enfui en laissant derrière lui une trace de sang qui lui défend de revenir jamais sur ses pas.

« Le sang du peuple a coulé comme en juillet ; mais cette fois ce généreux sang ne sera pas trompé. Il a conquis un Gouvernement national et populaire en rapport avec les droits, les progrès et la volonté de ce grand et généreux peuple.

« Un gouvernement provisoire sorti d'acclamation et d'urgence par la voix du peuple et des députés des départements dans la séance du 24 février, est investi momentanément du soin d'assurer et d'organiser la victoire nationale. Il est composé de :

« MM. Dupont (de l'Eure), Lamartine, Crémieux, Arago, Ledru-Rollin, Garnier-Pagès.

« Ce gouvernement a pour secrétaires :

« MM. Armand Marrast, Louis Blanc, Ferdinand Flocon, Albert, ouvrier mécanicien. »

AU NOM DU PEUPLE FRANÇAIS.

« Le Gouvernement Provisoire arrête :

« M. Dupont (de l'Eure) est nommé président provisoire du Conseil sans portefeuille ;

« M. de Lamartine, ministre provisoire aux Affaires Étrangères ;

« M. Crémieux, ministre provisoire à la justice,

« M. Ledru-Rollin, ministre provisoire à l'intérieur,

« M. Goudchaux, ministre provisoire aux finances,

« M. F. Arago, ministre provisoire à la marine,

« Le général Subervie, ministre provisoire à la guerre,

« M. Carnot, ministre provisoire de l'instruction publique et des cultes,

« M. Bethmont, ministre provisoire au commerce,

« M. Marie, ministre provisoire aux travaux publics,

« M. le général Cavaignac, gouverneur-général de l'Algérie,

« La garde municipale est dissoute,

« M. Garnier-Pagès est nommé maire de Paris,

« MM. Guinard et Recurt sont nommés adjoints au maire de Paris,

« M. Flotard est nommé secrétaire-général,

« Le maintien de la sûreté de la ville de Paris est confié au patriotisme de la garde nationale sous le commandement général donné à M. le colonel de Courtais,

« A la garde nationale se réuniront les troupes qui appartiennent à la première division militaire,

> *Signé*, Crémieux, Lamartine, Garnier-Pagès,
> Dupont (de l'Eure), Ledru-Rollin, Arago,
> membres du gouvernement provisoire.

« Le 24 février 1848. »

Quelques nominations nouvelles ont eu lieu depuis cette proclamation.

M. Garnier-Pagès a été nommé ministre aux finances à la place de M. Goudchaux, démissionnaire.

M. Armand Marrast a été nommé maire de Paris en remplacement de M. Garnier-Pagès, appelé à d'autres fonctions.

M. Pagnerre a été nommé maire du dixième arrondissement et secrétaire-général du gouvernement provisoire.

Les premières proclamations du gouvernement provisoire ont eu pour but de féliciter le peuple de Paris, les ouvriers, les écoles, la garde nationale de leur succès et de leur modération ; ses premiers décrets ont eu pour but d'apporter dans la législation et l'administration de la France les modifications les plus nécessaires, les réformes les plus urgentes. Puis il a convoqué l'assemblée nationale pour donner à la France une constitution et un gouvernement définitifs ; il a rendu au peuple le suffrage universel sans lequel il n'y a pas de véritable représentation nationale.

Qu'à son tour le gouvernement provisoire reçoive les félicitations du peuple, les remercîments de la nation entière. Il a bien mérité de la patrie !...

§ 2. Faits anecdotiques.

Pendant ces jours de lutte, ceux qui les ont précédés et suivis, on a recueilli une foule d'actes remarquables ou de paroles mémorables. Actions héroïques, traits de générosité, mots heureux ou sublimes, reparties vives et ingénieuses, expressions poétiques et colorées, rien n'a manqué aux combattants de Février. Ce peuple de Paris, unique au monde, si vif, si spirituel, dont la gaîté, l'esprit, le sang-froid ne se démentent jamais, pas plus que sa générosité et son courage, a trouvé comme toujours, les plus belles inspirations, les plus nobles paroles, les traits les plus admirables pour consacrer la fête de sa délivrance et de sa régénération. Et tout cela était semé en courant, jeté du haut des barricades, mêlé aux accents de la Marseillaise et aux échos de la fusillade. Parmi ces richesses nationales, nous prendrons quelques anecdotes significatives, quelques mots qui peignent la situation, choisissant de préférence les moins connus.

Le 22, à onze heures, les jeunes gens des écoles, donnant l'exemple du courage, et malgré la reculade de l'opposition parlementaire, descendirent du haut de leur montagne, et se dirigèrent en corps vers la Chambre des Députés, en criant : *Vive la Réforme !* Au pont de la Concorde, toute une armée se hérissa de baïonnettes pour leur barrer le passage. Alors deux d'entre eux sortirent des rangs et s'écrièrent en découvrant leur poitrine : *Tirez donc sur vos frères, si vous l'osez !* En France l'héroïsme a ses droits, et l'armée ouvrit un passage aux Écoles.

Le 24, à la prise des Tuileries, un homme du peuple allait se jeter sur des gardes municipaux désarmés; il disait : On a tué mon frère, il faut que je tue quelqu'un. Un garde national le retint et lui répondit cette simple et belle parole : *Si tu tues quelqu'un maintenant, ce sera encore ton frère.*

Le même jour, à deux heures, les mêmes hommes défilaient dans la rue, vaincus, désarmés, prisonniers, et criant un peu tard : Vive la République ! Nous avons vu alors des hommes et des femmes du peuple, faisant taire leurs ressentiments, s'approcher d'eux, leur présenter des vivres et des rafraîchissements, et crier : *Honneur aux vainqueurs, respect aux vaincus !*

On sait qu'après cette dernière et mémorable séance de la Chambre, au milieu du peuple qui avait envahi l'hémicycle, et qui déjà lacérait le grand tableau dans lequel Louis-Philippe prête un serment qu'il a si peu tenu, *Théodore Six*, un ouvrier, monta à la tribune, et dit :

« Respect aux monuments, respect aux propriétés ! Pourquoi tirer « des coups de fusil sur ces tableaux ? Nous avons montré qu'il ne « faut pas mal mener le peuple; montrons maintenant que le peuple sait respecter les monuments et honorer sa victoire ! »

Le Clergé de Paris s'est montré partout admirable de dévouement; il a secouru les blessés et prié pour les morts, avec un empressement fort louable. De son côté, le peuple a été plein de respect pour les ministres de la religion, plein de vénération pour les objets du culte. Un Christ en ivoire, trouvé dans la Chapelle des Tuileries, a été porté au Curé de Saint-Roch par un élève de l'Ecole polytechnique, que des citoyens armés suivaient chapeau bas. Le dimanche suivant, le dominicain populaire, le R. P. Lacordaire, faisant allusion à ce fait, s'écriait du haut de la chaire de Notre-Dame :

« Vous démontrer Dieu, mais vous auriez le droit de m'appeler
« parricide et sacrilége ! Si j'osais entreprendre de vous démontrer
« Dieu, mais les portes de cette cathédrale s'ouvriraient d'elles-
« mêmes et vous montreraient ce peuple, superbe en sa colère, por-
« tant Dieu jusqu'à son autel, au milieu du respect et des adora-
« tions. ! »

Cet hommage aux sentiments du peuple a été salué par d'unanimes
applaudissements.

Parmi les combattants qui ont contribué à la prise de Château-
d'Eau, on a remarqué le fils d'un souverain étranger, *Achmet-Pacha*,
fils de *Méhémet-Ali* ; un pair de France, M. *d'Alton-Shée* ; un littérateur distingué, M. *Etienne Arago* ; le petit-fils d'un ministre de la
Restauration, M. *de Polignac*.

En pénétrant dans l'état-major du Carrousel, après la prise du
Château, on trouva sur une table plusieurs chapeaux galonnés, ou-
bliés dans la précipitation de la fuite. A ce propos, le *Charivari*
s'écrie : A quoi bon des chapeaux pour des hommes sans tête. —
Malheureusement à ces hommes là il manquait encore autre chose
que la tête.

Au plus fort de l'action, un gâmin de Paris, un combattant de
douze ans, contemplait avec un sérieux divertissant les derniers débris d'un corps-de-garde incendié ; puis, quand tout fut consumé,
qu'il n'en resta plus rien : «Messieurs, dit-il, d'un air grave, je sais
bien que le Gouvernement ne me consultera pas, mais s'il me de-
mandait mon avis, je lui conseillerais de ne pas se servir de ce qui
reste pour en construire un neuf. » Et content d'avoir mystifié son
auditoire, l'enfant courut où on se battait.

On sait que dès le 26, en plein jour, la Porte-Saint-Martin ouvrit
ses portes au public, et représenta le drame si justement populaire
de Félix Pyat. L'artiste aimé du public, Frédéric Lemaître, le sublime

chiffonnier trouva ce jour-là dans sa hotte une couronne royale et une proclamation contre les banquets.

Le 21 février, M. Duchâtel craignant un siége pour son hôtel, avait fait acheter *deux cents livres de viande.* Appelez donc cela un ministre imprévoyant !

Lorsque le Gouvernement provisoire traversait Paris pour passer la revue nationale du 27 février, un homme du peuple s'approcha de M. de Lamartine, et lui présenta un verre de vin. L'orateur, après avoir trempé ses lèvres dans ce calice populaire, s'écria : *C'est le banquet !* Mot heureux qui rappelait le crime du pouvoir, la victoire du peuple et la grande communion de tous les Français.

Un abonné de *La Réforme* nous disait, huit jours avant les événements : S'il y a un coup de fusil tiré, ce n'est pas le ministère qui sera tué, c'est la dynastie. Prophétie !

NOTE COPIÉE AUX TUILERIES (Cabinet du roi). *Réponse aux renseignements demandés sur un candidat à un poste diplomatique :* — Jeune homme très-bien, appartenant à une bonne famille. Figure agréable, *taille bien prise.* (Textuel.)

Les Cris de Paris.

UN ÉTUDIANT : — J'aurais voulu me faire tuer deux fois hier; le matin pour la liberté, le soir pour l'ordre.

UN OUVRIER : — Dites au Gouvernement que nous avons *trois mois de misère au service de la République ;* mais qu'on s'occupe de nous et qu'on ne trompe pas le peuple.

UN SOLDAT DE LA LIGNE. — Je me serais fait fusiller plutôt que de tirer sur mes frères.

UN GAMIN DE PARIS. — A un municipal qui le poursuit le sabre au poing : T'es donc enragé ? T'as donc été mordu par Louis-Philippe.

UN FONCTIONNAIRE POLITIQUE. — Rallions-nous à la République!

UN RÉFUGIÉ POLONAIS. — La France est libre.... C'est un beau jour pour la Pologne !

UN ANGLAIS. — Français, vous êtes le plus grand peuple du monde ! C'est un Anglais qui vous le dit.

TOUS ! — Vive la République !

DEUXIEME PARTIE.

LES IDÉES DE FÉVRIER 1848.

Réforme et Progrès.

Réforme! réforme! Tel était le vœu unanime de la nation, tel était le besoin universellement senti, proclamé d'un bout à l'autre de la France. *Réforme et Progrès!* Et le pouvoir restait sourd à ce vœu. Les citoyens les plus honorables des plus grandes villes du royaume, réunis dans des banquets réformistes pour discuter avec calme les intérêts d'un grand peuple, n'avaient réussi qu'à exciter les passions haineuses et les petites colères d'un gouvernement *oligarchique et rétrograde*. La corruption et les priviléges restaient à l'ordre du jour.

Le 22 février le peuple de Paris criait plus haut : *réforme!* Le 23 c'était encore son mot de ralliement ; il y joignait le cri : *a bas Guizot! à bas les ministres!* et il n'obtenait rien. Le 24 il s'avisa de crier *République!* et il obtint tout. La république fut proclamée. C'était la grande réforme, la réforme par excellence, celle qui nous les promet toutes. La république, c'est-à-dire : plus de priviléges, plus d'exceptions, plus d'abus, plus de scandales, plus de corruption, plus de faveur... Un gouvernement honnête, une société puissamment organisée, des institutions libérales, une nation libre.

La Charte de 1830 a fait son temps. Elle est allée rejoindre dans les catacombes de l'histoire les constitutions qui l'avaient précédée; celle de 1814, celle de l'an VIII et celle de 1791. Pauvres constitutions! triste est leur sort. Respectées comme des arches saintes pendant leur vie, à peine ont-elles cessé d'être, chacun s'acharne après elles. Et c'est justice! Placées au-dessus des lois, il faut une révolution pour les détruire. Et, comme on ne se révolte que contre l'oppression ; comme toute révolution est l'expression d'une nécessité, il est bien constaté qu'une constitution détruite est une constitution mauvaise ou insuffisante.

Aujourd'hui nous avons un gouvernement provisoire ; avons-nous une constitution ? Oui, je n'hésite pas à le dire, nous avons une constitution, et une constitution définitive. La voici :

CONSTITUTION DE FÉVRIER 1848.

Article unique. La France aura désormais un gouvernement républicain.

C'est là notre constitution parce que c'est là le vœu de la nation manifesté librement par le peuple de Paris du haut des barricades, accepté librement par le peuple des départements. Et je crois n'être démenti par personne en disant que l'Assemblée nationale qui sera élue par le peuple en vertu du décret du 5 mars, s'empressera de donner une sanction légale à ce vœu légitime de la nation française.

La France a eu une patience admirable. Confiante dans son droit, dans sa force, dans son avenir, elle a essayé de la monarchie sous toutes les formes ; *monarchie absolue, despotisme militaire, monarchie constitutionnelle.* Royauté et empire, elle a tout souffert, tout supporté. Elle a usé en un demi-siècle trois familles de rois et quatre constitutions ; c'est assez, c'est trop. Une plus longue tolérance serait faiblesse, sinon lâcheté.

La *monarchie absolue* n'est plus possible ; c'est chose jugée. Le *despotisme militaire* ne peut être qu'accidentel et n'a aucune raison d'être dans une grande nation qui veut la paix et se sent assez forte pour l'obtenir. Reste donc la *monarchie constitutionnelle.* Voyons ce qu'elle a produit avec la constitution octroyée en 1814, ou avec la charte conquise en 1830.

A-t-elle diminué nos charges, augmenté notre bien-être, accru notre gloire, sauvé notre indépendance ou assuré notre liberté ? Non ! non ! Le gouvernement constitutionnel, fiction, pure fiction ! Quoi ! un roi, plus, deux chambres ; trois pouvoirs qui doivent se faire équilibre. Mais le roi fait des pairs à volonté ; sauf quelques restrictions, il les prend où il veut, à ses côtés, parmi ses créatures ; le nombre en est illimité. Ce sera donc une chambre créée par lui, à son image, qui pensera ce qu'il pense, voudra ce qu'il veut, agira d'après ses ordres et votera selon son bon plaisir. Il a déjà deux voix sur trois. Et la chambre élective... Il la dominera par le prestige de la couronne ou la corrompra par les millions du budget. Oh ! croyez-moi, le prestige de la royauté est bien dangereux, bien irrésistible, surtout quand le souverain peut joindre à la faveur d'un sourire la promesse d'un honneur ou l'aumône d'un emploi.

Une constitution ! fiction vous dis-je. Elle sera éludée ou violée. Si le roi constitutionnel veut être quelque chose, il sera absolu en dépit de la constitution. Sinon, il restera, suivant l'expression énergique de Napoléon, « *un cochon à l'engrais.* » Il sera donc nuisible ou inutile, l'hydre ou le soliveau de la fable. S'il est nuisible, chassez-le, car il finirait par vous dévorer. S'il est inutile, ne le gardez pas, car il coûte cher. Il faut chaque jour à son auge l'or frais monnayé et l'argent sué par le peuple, liste civile et dotations, revenus du domaine de la couronne, budgets ordinaires et extraordinaires, fonds secrets, dette flottante, emprunts... Rien ne peut rassasier l'avidité phénoménale et les appétits gloutons d'un roi à l'engrais.

Écoutons donc la voix des barricades, et redisons avec elles : *la République ! Plus de rois !*

Mais, quelle sera la forme du nouveau gouvernement ? quel sera son nom ? Peu importe, répondrons-nous, peu importe, pourvu qu'il donne des garanties suffisantes à la nation, pourvu qu'il soit fort et patriotique, régulier et libéral, qu'il veuille l'ordre et la probité à l'intérieur, la dignité et la grandeur dans les relations extérieures ; qu'il n'ait d'autres intérêts que les intérêts de la société, d'autre passion que la liberté et la gloire de la France. Pourvu qu'il soit vraiment républicain et sincèrement national, peu importe sa forme, peu importe son nom.

Cependant beaucoup de gens se laissent effrayer par des fantômes, reculent devant des souvenirs et pâlissent devant certains noms. Ne réfléchissant pas à tous les progrès moraux et politiques qu'a faits la nation française depuis le jour où elle posa la première pierre d'un gouvernement libre, les mots leur font peur. Leur proposez-vous *un consulat, un directoire*, ils le craignent trop puissaut ou trop faible, visant à la *dictature* ou se laissant déborder par le flot révolutionnaire. Leur parlez-vous d'une *assemblée législative* dépositaire du *pouvoir exécutif* et l'exerçant par ses *délégués*, ce sont bien d'autres craintes ; vous les ramenez aux plus mauvais jours de la Terreur. Ils voient déjà dans leurs rêves l'échafaud en permanence, la confiscation organisée, le pillage et l'incendie... Eh ! de grâce, calmez ces craintes, citoyens, elles sont déplacées. Vos personnes et vos propriétés sont sous la sauvegarde de l'honneur national, personne n'y touchera. Ne vous défiez pas du peuple, c'est l'insulter. Approchez, regardez-le de près, tendez-lui la main, n'ayez pas peur. Hier, pendant le combat, il était fier comme un lion ; aujourd'hui, après la victoire, il est doux comme un agneau. Hier il tenait ses ennemis désarmés, il leur a pardonné. A plus forte raison il vous respectera, car vous n'êtes pas ses ennemis ; vous êtes ses frères. Comprenez bien ce mot. C'est Dieu qui l'a apporté sur la terre il y a dix-huit cents ans.

A côté d'une assemblée élective aurons-nous aussi une autre assemblée, un *sénat*, par exemple ? J'avoue que le mot ne serait pas très-heureux et que l'idée le serait encore moins. Un sénat ! cela sent le privilége et la gérontocratie. Ce serait une autre chambre des pairs avec un autre nom et peut-être d'autres hommes. La sagesse est une fort belle et bonne chose, mais il la faut unie à la force, il la faut énergique, virile, puissante. Il faut que, dans une ère de régénération politique et sociale, les têtes qui gouvernent aient des bras et des jambes, qu'elles puissent agir, marcher, porter un fusil au besoin, et crier à pleine poitrine, pour être entendues aux quatre coins du monde : *Vive la Révolution française !* De grâce donc, messieurs, ne faites pas porter perruque à notre jeune république.

Ou bien aurons-nous, comme aux États-Unis, un *président* électif et temporaire ? Soit, mais prenez garde ! en France les cœurs sont trop grands pour n'être pas ambitieux. Prenez garde que votre élu ne trouve la place bonne et ne la quitte pas volontiers.

Mais ayons foi dans la sagesse de l'*assemblée constituante*, de l'assemblée élue librement par tous les citoyens et qui librement votera notre gouvernement et notre constitution.

Après les réformes dans la constitution, viennent les réformes dans la loi. C'est au pouvoir législatif seul qu'il appartient de les accomplir, mais tout citoyen peut le proposer. C'est son droit; c'est son devoir. Le 24 février, chacun, suivant sa force, apportait son pavé aux barricades révolutionnaires; aujourd'hui chacun doit, dans la proportion de son intelligence, apporter sa pierre à l'édifice social.

Réformes sociales. D'abord le grand problème à l'ordre du jour, question de vie et de mort, pour la *majorité des Français. L'organisation du travail*. Le gouvernement provisoire vient de nommer, pour étudier cette grave question, une commission qui s'adjoindra les délégués de chaque profession industrielle. Espérons que les connaissances pratiques des délégués, le travail dévoué de la commission, la science connue de son président, triompheront des difficultés immenses de cette grande question. La sagesse et la patience des travailleurs leur viendra en aide. La commission doit surtout chercher une solution pratique, des résultats actuellement applicables d'où sorte un bien-être évident, une amélioration immédiate pour la classe ouvrière. Peut-être un jour nous pourrons réaliser à un certain degré les rêves du phalanstère. Du moins l'association du maître et de l'ouvrier, du capital et du travail, de l'argent et de l'intelligence, de la tête et du bras, pourront s'effectuer dans de certaines limites. Que l'État se mette à la tête du mouvement; qu'il multiplie les ateliers nationaux, où il ne spéculera pas sur le salaire de l'ouvrier; qu'il crée, à côté de l'armée militaire encore utile, l'armée industrielle qui est une des plus belles conceptions de Fourier, ou bien qu'il applique les régiments à l'industrie nationale en les y intéressant; que le soldat-ouvrier soit employé au reboisement des montagnes, à la dessiccation des marais, au défrichement des landes, à l'endiguement des fleuves, à la canalisation des rivières, etc. — Pour le moment, assurer du travail à tous les ouvriers, du pain à tous les travailleurs.

Déjà le gouvernement a bien mérité d'eux, en réduisant d'une heure, le temps du travail et en abolissant le *marchandage*. Mais ce n'est pas assez.

TRAVAIL DES FEMMES. Encore une plaie sociale! La femme ne peut pas vivre de son travail. Elle est violemment jetée, par l'insuffisance des salaires, de la misère dans la débauche.

TRAVAIL DES ENFANTS. Supprimer le travail des enfants jusqu'à l'âge de douze ans. Avant cet âge, l'enfant du pauvre comme l'enfant du riche ne travaillera que pour s'instruire. Comme homme, l'éducation augmentera sa dignité; comme capital, elle augmentera sa valeur, en multipliant la force par l'intelligence.

RÉFORMES ADMINISTRATIVES. Hospices. *Enfants trouvés.* Rétablir les tours dans les hospices d'enfants trouvés partout où ils ont été supprimés. C'est peut-être le seul moyen de combattre un crime malheureusement trop fréquent. — *L'infanticide.*

ASILES DE L'ENFANCE. Établir partout des *crèches, ouvroirs, salles d'asile*, où les enfants seront jusqu'à six ans, soignés et nourris au frais de l'État, pendant que leurs mères iront gagner leur pain. A la fin de leur séjour dans la salle d'asile, les enfants apprendront à lire. La charité particulière ne fera pas défaut à ces établissements; mais il faut que l'État en ait l'initiative, que la mesure soit générale; il importe surtout que l'admission dans ces maisons soit un droit et non une faveur.

HÔPITAUX. — Hôtels-Dieu. — Que le pauvre malade, l'ouvrier blessé, y trouvent toujours des soins habiles, une sollicitude empressée, le convalescent une nourriture saine et abondante. Ne rien épargner pour rendre comfortable cet asile, où la pauvreté vient souffrir si souvent et mourir presque toujours.

HÔTEL DES INVALIDES DU TRAVAIL. Idée féconde en bons résultats, déjà émise par des socialistes éminents, adoptée avec joie par le peuple, qui, dans nos grandes journées, a écrit sur le palais de ses anciens rois : *Hôtel des Invalides civils.* Là ou ailleurs, il faut que les obscurs martyrs du travail, ceux qui ont passé leur vie à nous habiller, nous nourrir, à travailler pour notre luxe ou nos nécessités, y trouvent une vieillesse paisible et une mort exempte des angoisses de la misère ; qu'en mourant ils n'aient pas d'inquiétudes pour leur familles. La République adopte leurs enfants.

ÉDUCATION NATIONALE. Au sortir des salles d'asiles, les enfants entreront dans les écoles d'*instruction primaire*. Ils y apprendront la lecture, l'écriture, les mathématiques élémentaires, la géographie, l'histoire, surtout l'histoire nationale, les langues vivantes, le dessin et la musique. — Avant tout ils y recevront une *éducation professionnelle*. L'éducation à ce premier degré sera la même pour tous. L'*iustruction secondaire*, au contraire, sera dirigée suivant les aptitudes, pour l'admission des élèves dans les *écoles spéciales supérieures — école de génie civil — de génie militaire — école de diplomatie — école transcendante de littérature et de philosophie — école d'économie sociale — école des beaux-arts, etc., etc.*

Une réforme aussi radicale ne peut s'accomplir en un jour. En attendant, l'éducation universitaire demande de promptes améliorations. Dans nos colléges, l'instruction est mauvaise, l'éducation est nulle. Et cependant, c'est là qu'est la meilleure. Il y a donc beaucoup à faire, en attendant davantage. Pour l'instruction, donner moins de temps à la littérature ancienne, à l'histoire ancienne, aux langues mortes, et plus aux littératures modernes, aux langues vivantes et aux sciences. Pour l'éducation, assurer l'indépendance et la dignité des surveillants, des maîtres d'études. Faire de ces hommes des *magistrats de la jeunesse*, et non des espèces de valets universitaires. — Déjà le ministre provisoire a avisé, une commission est nommée, elle est composé des hommes les plus honorables, et les plus éclairés. Plusieurs sont pris en dehors de l'université. C'est une garantie de plus.

THÉÂTRES. Les théâtres sont encore une école pour le peuple. Il faut qu'il y puise des leçons de morale et de patriotisme. Il faut pour les théâtres un *tribunal* au lieu d'une *censure*, la liberté avec répression légale et juridique des abus, mais plus de prévention arbitraire. Pour que le théâtre s'ouvre au peuple, il faut diminuer le prix du parterre, sauf à augmenter le prix des places où l'agrément du comfort et de l'élégance se joint aux jouissances du spectacle; il faut agrandir le parterre, améliorer le parterre pour le peuple ; dans les nouvelles salles, construire pour le peuple de vastes amphithéâtres. — Ce n'est pas tout, il faut chasser du parterre, ehasser du théâtre cette bande noire d'admirateurs soudoyés : cette institution barbare indigne d'un pays civilisé — la *claque!* les *entrepreneurs de succès dramatiques.* — Ce sera encore un moyen d'agrandir le parterre ; ce sera surtout un moyen de rendre à la scène sa dignité. Cette réforme, nous la demandons d'abord au nom du public dont les justes susceptibilités sont blessées ; au nom des auteurs qui y perdent le tribut d'une admiration libre, au nom des artistes qui ne peuvent distinguer les véritables jugements du public. Nous le demandons enfin au nom de l'intérêt bien entendu des directeurs. Quand le public ne craindra plus d'être cenfondu avec les applaudisseurs salariés, il n'hésitera pas à manifester son admiration par des signes extérieurs ; son silence suffira pour indiquer un blâme, et le sifflet ne viendra plus écorcher l'oreille des spectateurs délicats, des auteurs malheureux et des acteurs insuffisants.

Les intérêts de l'art et de la littérature demandent un autre progrès. La création d'une ou plusieurs *écoles dramatiques,* aux frais de l'État, où les auteurs nouveaux produiraient leurs essais, où les artistes inconnus feraient leurs débuts. Entendons-nous bien ; ce n'est pas un *Conservatoire* que nous demandons, c'est un théâtre dirigé par l'État et accessible à tous. Les directeurs, avec ou sans subvention, sont des spéculateurs, des entrepreneurs. Hommes d'argent, il leur faut des succès d'argent. D'ailleurs la durée souvent fort courte de leur administration ne leur permet pas de cultiver des espérances, d'allaiter des talents au berceau ; ils ont besoin d'espérances réalisées, de talents tout éclos. Ile ne croient à l'avenir d'un homme que par son passé. Pour arriver au public par leur entremise, il faudrait pouvoir débuter par une seconde représentation. Voilà pourquoi il est si difficile à un jeune littérateur sans influence de se faire lire, presque impossible à un artiste inconnu et sans protection de se faire entendre.

MARINE. Rendre à notre marine de guerre son éclat, à notre marine de commerce son activité.

COLONIES. Proclamer l'abolition de l'esclavage dans nos colonies, en prenant toutes précautions pour la sûreté des personnes et des propriétés. Le propre d'un gouvernement républicain c'est de fonder son pouvoir sur les droits de l'homme et de la société, de donner à tous ses décrets la sanction des grands principes philosophiques. Il ne faut pas y manquer dans les circonstances actuelles. Si l'abolition de l'esclavage est impossible en fait, proclamez-la en droit et faites tout pour la préparer, pour la hâter. Et, en attendant que nos frères noirs soient mûrs pour la liberté, veillez sur leur bien-être avec sollicitude, défendez-les d'une manière efficace contre les excès de la spéculation, contre les abus de la possession, contre les violences et les mauvais traitements.

FINANCES. *Économie, ordre, probité!* Telle est, telle doit être la devise des administrations financières encore plus que toutes les autres. *Économie!* Bien entendue, qui n'exclura jamais les dépenses utiles, ni même le luxe de représentation qui convient à une grande nation. *Ordre!* Plus de dilapidations! Plus de fonds secrets! Une comptabilité à jour. *Probité!* C'est moins un gouvernement à bon marché qu'il faut à la France qu'un gouvernement honnête.

Plus de traitements scandaleux, mais plus de traitements trop modiques. Que l'égalité républicaine, sans nuire aux drois de la hiérarchie administrative, descende un peu dans les bureaux ; que le modeste employé arrive au terme de sa carrière avec une aisance honnêtement acquise ; que tous les employés, surnuméraires compris, aient des traitements ; qu'il n'y ait plus de traitement inférieur à douze cents francs. M. de Lamartine, dans son rapport du 15 mars, vient de demander une rétribution pour les *surnuméraires diplomatiques.* Il la faut pour tous, et il la faut suffisante aux besoins, et toujours pour le même motif : *l'accessibilité de toutes les fonctions de l'État à toutes les classes de la société.*

Autre question : abolir les remises proportionnelles aux recettes, qui ont l'inconvénient de rappeler l'ancien système financier et d'exciter les comptables à la fiscalité. Les remplacer par des appointements fixes, augmentant graduellement en raison des années de service et de l'avancement.

Dans les administrations financières comme dans les autres choisir pour directeur-général un homme spécial, un employé supérieur de la même administration, et non un homme politique étranger à cette administration.

IMPÔTS. Tels qu'ils existent, nos impôts pèsent bien plus sur le pauvre que sur le riche. En effet, pour les *contributions indirectes* et surtout l'*octroi*, les denrées de qualité inférieure paient, à peu de chose près, les mêmes droits que les marchandises de première qualité. L'*impôt direct*, sur la propriété, quoique plus équitable, ne l'est pas toujours assez. Trouver un moyen de connaître la valeur vénale et le revenu réel des immeubles, voilà le problème. Une solution, c'est d'exiger et de rendre effective l'insinuation de tous les actes translatifs ou déclaratifs de propriété de quelque nature qu'ils soient. Ce sera une sûreté pour les transactions entre particuliers en même temps qu'une base pour l'assiette de l'impôt. Cette solution se lie étroitement à la refonte du système hypothécaire mise à l'étude et promise depuis si longtemps.

Pour les droits d'*enregistrement*. En diminuer quelques-uns, en augmenter d'autres. Par exemple, abolir ou réduire à presque rien les droits de succession en ligne directe. Quand un fils succède à son père, il n'y a pour ainsi dire pas mutation; il y a continuation de personne dans l'ordre naturel. En revanche, augmenter les droits en ligne collatérale et entre personnes étrangères; ici l'hérédité, la continuation de personne est moins naturelle, le plus souvent même elle a lieu contre le vœu de la nature. Remarquons que les droits d'enregistrement perçus presque toujours sur une personne qui vient de réaliser un gain ou de fonder une espérance, sont peut-être le plus juste de tous les impôts actuels et en même temps un des plus productifs.

Créer une administration *intermédiaire*, un contrôle, qui, à Paris et dans les départements, relierait chaque direction de l'enregistrement à la direction des contributions directes, se mettrait en communication avec toutes deux sans dépendre de l'une ni de l'autre, et rendrait à chacune d'immenses services en faisant servir à ses travaux ce qui la concerne dans les opérations de l'autre. On préviendrait ainsi beaucoup d'abus, beaucoup de fraudes; on abrégerait le travail, on simplifierait les calculs et on augmenterait les produits.

ADMINISTRATION POSTALE. Réforme complète. Taxe uniforme.

IMPÔT SUR LE SEL. Abolition complète. L'agriculture attend ce bienfait pour renaître en France.

FRAIS JUDICIAIRES. La justice est encore bien chère en France, si chère que, quoiqu'à la charge de la partie condamnée, le bon droit transige souvent, effrayé de l'énormité des dépens ou incapable d'en faire l'avance. En matière criminelle, correctionnelle et de simple police, elle est trop chère aussi. Ne paraît-il pas au moins inconséquent, sinon inique, que, lorsque l'amende, qui est la condamnation principale, est de un franc, les frais, qui ne sont qu'un accessoire, puissent excéder dix, quinze et vingt francs!

TIMBRE. On a demandé, on a obtenu l'abolition du Timbre des Journaux. C'est à tort que, pour le maintenir, quelques-uns disaient : C'est un impôt sur le luxe. Non, c'était un impôt sur la pensée. Le journal c'est la bibliothèque de l'ouvrier; c'est là qu'il apprend l'histoire et la littérature. Dans les circonstances actuelles, il faut moins que jamais mettre un bâillon à la Presse, elle a trop de conseils à donner, trop de trembleurs à rassurer, trop d'indécisions à vaincre, trop de passions à calmer. Laissez-la, dégagée de tout obstacle fiscal, remplir cette noble mission, conseiller le progrès aux gouvernants, la modération aux peuples, et de ses mille voix raconter au monde les merveilles de la liberté.

MONOPOLE DES TABACS. Produit net : quatre-vingt-trois millions. C'est notre seul impôt sur le luxe, il faut le conserver précieusement.

Il faut, en détruisant ou en dégrevant les impôts qui pèsent sur la classe pauvre, sur l'industrie et le commerce, à côté de l'impôt fondé sur la propriété, établir un système complet d'*impôts somptuaires*, taxer les chiens, les chevaux de luxe, les équipages, les livrées. Seulement comme le luxe est variable, comme les richesses mobilières se déplacent fréquemment, il faudrait les porter au rôle des contributions pour trois ou six mois seulement.

L'impôt sur le luxe est une mine d'or chez une nation riche, généreuse, où la sagesse n'exclut pas le faste, où la prodigalité naît de la grandeur d'âme.

Parmi les impôts à supprimer, ajoutons les *octrois* qui sont un reste de barbarie et de féodalité, qui nuisent à la centralisation, à l'unité et surtout sont une gêne pour les transactions commerciales, un obstacle pour les progrès de l'industrie. Quoi! vous avez demandé la suppression des douanes, discuté les avantages du libre échange, et vous avez encore des octrois ! C'est un non-sens.

RÉFORME DANS LE DROIT CRIMINEL. Un professeur de la Faculté de Droit de Paris, M. Ortolan, disait naguères : «Toute Révolution dans « la politique doit être suivie d'une Révolution dans le Code pénal.» Aujourd'hui c'est plus vrai que jamais. Déjà notre Gouvernement provisoire l'a senti, l'a prouvé en émettant le vœu que la peine de mort fût supprimée en matière politique. Nous aurions voulu le voir aller plus loin et réclamer *l'abolition de la peine de mort*. Oh ! je sais qu'il y a de grandes objections; la plus grande de toutes est tirée de la question utilitaire, de la nécessité de réprimer les crimes par un châtiment solennel et exemplaire. Pour nous, nous faisons passer avant la question morale, et nous tenons toute objection pour nulle, tant qu'on n'aura pas donné une réponse satisfaisante à cette demande : La Société, autrement que dans le cas de légitime défense, a-t-elle le droit de prendre la vie d'un homme qui l'a offensée, ou bien a-t-elle seulement le droit de le mettre dans l'impossibilité de nuire? Tuer l'homicide pour empêcher la possibilité d'un nouveau meurtre, n'est-ce pas mettre la peur au-dessus de l'équité, l'utilité au-dessus de la morale, la vengeance à la place de la justice? Laissons le talion aux Barbares, laissons le sang aux sauvages. Une société civilisée, organisée sur des principes philosophiques, modérée parce qu'elle est forte, hésite toujours à punir et ne se venge jamais. Son devoir est de séquestrer le coupable et de moraliser le condamné.

Le Gouvernement provisoire a pris sur lui d'abroger, par un décret du 7 mars 1848, les lois sur la Presse et le Jury, si impopulaires sous le nom de Lois de septembre (Lois sur les Crimes et Délits concernant la Presse, 9 septembre 1835). Le Gouvernement a dignement fait.

La loi du 10 avril 1834 contre les Associations demeure auss abrogée en fait et en droit.

Il est une autre loi pénale que nous voudrions voir modifier, ou même abroger.

Il faudrait au moins restreindre les cas d'application de la contrainte par corps, surtout pour les sommes dues à l'État. Pourquoi ce privilége exorbitant de faire emprisonner le débiteur quelle que soit la modicité de la somme due? Les art. 52 et 467 du Code pénal et l'art. 35 de la loi du 17 avril 1832, accordent ce droit à l'État. Si le débiteur justifie de son insolvabilité suivant le mode prescrit par l'art. 420 du Code d'Instruction criminelle il pourra encore subir une incarcération de quinze jours à quatre mois suivant la quotité de la dette. Empressons-nous de dire que, dans la pratique, on n'use jamais de cette rigueur contre le débiteur insolvable ; avouons même que l'administration des domaines, composée d'hommes recommandables par leur capacité et leur caractère honorable, apporte la modération la plus conciliante dans les recouvrements et la plus exquise urbanité dans ses rapports avec les débiteurs de l'État. Mais nous ne demandons pas une tolérance, nous réclamons un droit.

Nous finissions d'écrire ces lignes quand a paru le Décret du 9 mars qui abroge les lois relatives à la contrainte par corps. Le Gouvernement provisoire nous laisse à peine le temps d'émettre des vœux, de souhaiter des réformes. Avec un zèle infatigable, un empressement digne d'éloges, il poursuit toutes celles qui lui paraissent urgentes, opportunes ou possibles. Le décret qui abolit la contrainte par corps est motivé de la manière la plus remarquable sur le grand principe de la dignité humaine. Nous aimons à voir ainsi les hommes qui gouvernent fonder leur autorité sur les principes d'une saine philosophie, faire appel aux nobles sentiments du peuple, l'associer à leur politique, l'initier sans crainte au secret de leurs délibérations, aux motifs de leurs actes. C'est là la tendance d'un pouvoir vraiment libéral et bien intentionné.

RÉFORMES DANS LE DROIT CIVIL. Le Code civil doit aussi subir ses réformes.

DIVORCE. Remettre en vigueur le titre VI du livre 1er du Code civil, concernant le Divorce, abrogé par la loi du 8 mai 1816, toutefois avec les modifications suivantes : « L'art. 233 demeure abrogé, il n'y aura plus de divorce par *consentement mutuel*, mais seulement pour *cause déterminée*. Même dans ce cas, les époux divorcés ne pourront se remarier de part et d'autre qu'après un délai de un an à partir du jugement. » Le divorce, nous le savons, a de grands inconvénients, mais l'union indissoluble en a plus encore. La question est donc d'admettre le divorce en droit, en le rendant assez difficile en fait pour qu'on ne le demande jamais sans des motifs graves, impérieux. N'oublions pas que, depuis son abrogation, les crimes domestiques ont pris un accroissement effrayant et que, dans plus d'une famille, l'arsenic et le poignard ont violemment remplacé le titre VI du Code civil. Le divorce est donc utile ; est-il moral ? J'avoue que la séparation de corps qui laisse subsister le lien en détruisant les effets paraît plus morale. Mais elle porte une trop grande atteinte à la liberté, et puis le plus souvent elle ne réussit qu'à consacrer un double adultère. Sa moralité n'est qu'apparente.

CÉLIBAT DES PRÊTRES. Est-il permis au prêtre catholique de se marier ? Le droit canonique répond : Non. Mais en droit civil, aucune loi ne le lui défend. On doit en conclure que le mariage lui est permis, que son union consommée sera valable... Oui... Et cependant, il n'en est rien. *Trouvez donc en France un maire qui consente à marier son curé!* Il importe que le malentendu cesse. Après les mauvaises lois, ce qu'il y a de plus fâcheux, ce sont les lois équivoques et les jurisprudences flottantes. Pourquoi le prêtre, citoyen français, serait-il hors la loi ? Il n'y a plus de privilége en sa faveur. Pourquoi y aurait-il des exceptions à son préjudice ? Permettez-lui de contracter une union civile légale ; la logique sera sauvée. Quant aux prohibitions canoniques, leurs droits sont réservés... Pie IX, le grand pape démocratique, est saisi d'une pétition qui demande l'abolition du célibat, et il hésite, dit-on, il hésite à détruire ce qu'un de ses prédécesseurs a établi, ce qu'un long usage a consacré. Donnez-lui l'exemple du courage. Quelles sont les bonnes raisons, les raisons raisonnables pour maintenir cet état de choses? Vous dites : Le prêtre catholique doit être tout à tous ; la famille, en multipliant le *moi* par deux, trois ou quatre, double, triple, quadruple l'égoïsme. Le prêtre qui aura une famille, une femme et des enfants, s'exposera-t-il encore à la misère pour soulager le pauvre, à la maladie pour consoler l'agonisant, à la mort pour ouvrir au mourant les portes du ciel? Je vous répondrai : Êtes-vous catholique, êtes vous seulement chrétien? Oui... Eh bien! alors vous devez comprendre la sublime mission du prêtre catholique. S'il en est digne, rien ne l'empêchera de remplir les devoirs de son ministère évangélique. Si, au contraire, il manque de vocation, l'égoïsme n'attendra pas de bonnes raisons et des motifs plausibles pour arrêter l'élan de son cœur et les imprudences de son dévouement. Et l'égoïsme du célibat est mille fois pire que l'égoïsme de la famille. Par la famille, le prêtre se rattachera mieux à l'état dans lequel il exerce une magistrature à-la-fois si élevée et si modeste. S'il meurt à la peine, martyr de la charité, l'État prendra soin de sa famille, adoptera ses enfants comme les enfants des citoyens morts sous les drapeaux pour la défense de la patrie.

Il reste un dernier argument en faveur du mariage des ministres de la religion, et il est bien puissant ; c'est l'argument tiré des passions humaines. En refusant au prêtre une compagne, ôtez-lui donc sa nature d'homme, ses faiblesses d'homme, ôtez-lui ses passions viriles, ou bien vous le jetez violemment, forcément, fatalement, dans les passions illicites, dans les convoitises criminelles, et puis, quand un de ces attentats monstrueux qui, à de rares intervalles, viennent épouvanter la société ; quand un de ces crimes est commis, tout le monde tourne les yeux vers le prêtre et l'interroge. Fût-il innocent, il est soupçonné, et un homme grave, un magistrat, après avoir contemplé la victime dans son désordre accusateur, s'écrie avec un accent de conviction : « C'est une passion claustrale, » c'est-à-dire, ce crime est l'œuvre d'un *célibataire forcé*, d'un ministre de la religion catholique, apostolique et romaine. Je veux que l'accusation soit fausse, le soupçon injuste. Pour des hommes qui doivent vivre entourés de la vénération publique, un soupçon injuste est déjà un fait grave et un malheur véritable ; le remède à cela, c'est le mariage du prêtre, le prêtre père de famille.

Nous avons tracé à la hâte, et d'une manière bien incomplète sans doute, le plan des réformes les plus urgentes ; mais surtout qu'on n'oublie pas la plus importante de toutes, la réforme des mœurs publiques. Plus de coteries toutes puissantes ! Plus de favoritisme décourageant ! Dans une monarchie, la faveur est dangereuse ; dans une république, elle est mortelle. Le danger de la faveur est plus grand quand le pouvoir est plus divisé : c'est l'opinion de Montesquieu. « L'avantage d'un État libre est qu'il n'y a point de favoris ; mais quand cela n'est pas, et qu'au lieu des amis et des parents du prince, il faut faire la fortune des amis et des parents de tous ceux qui ont part au gouvernement, tout est perdu. » (*Grandeur et décadence des Romains*, chap. IV.) Qu'on récompense ceux qui ont souffert ou combattu pour la liberté, rien de mieux ; mais, pour donner les emplois publics, consultez avant tout le mérite, la capacité des postulants, leurs actes plutôt que leurs opinions ; ce qu'ils ont fait plutôt que ce qu'ils ont dit. Jugez les hommes à leurs œuvres, renvoyez les mendiants audacieux, appelez à vous les mérites modestes. Plus de généraux d'antichambre, plus d'amiraux hydrophobes, plus de poupées de cire dans la diplomatie, plus de jeunes beaux dans les administrations ! mais de véritables soldats, de vrais marins, des hommes d'État sérieux et des administrateurs capables. Des talents, de l'intelligence, du zèle et surtout du travail. Que chaque grade dans l'armée soit la récompense des talents militaires, des actes héroïques ou des longs et loyaux services ; que l'avancement dans la magistrature, dans les ministères, devienne aussi la juste rémunération des aptitudes spéciales, des talents hors ligne, des travaux utiles et des services rendus !

Dernière Réforme.
Plus de partis ! Plus de proscriptions !

Napoléon, prisonnier à Sainte-Hélène, Charles X, expirant à Goritz, avaient laissé derrière eux des amis, des fidèles, un parti, un drapeau. Louis-Philippe d'Orléans, exilé à Claremont, n'a laissé en France que des serviteurs ingrats et un peuple irrité.

Aujourd'hui, les espérances de l'Empire s'en vont une à une avec les derniers débris de la grande armée. De ses souvenirs, il ne reste plus qu'un nom qui plane sur le monde comme symbole de la gloire militaire.—Depuis longtemps, les hommes qui avaient gardé le culte des idées monarchiques comme un vieux meuble de famille ont aussi perdu tout espoir; leurs regrets même commencent à se calmer. D'ailleurs, notre révolution, en chassant celui qu'ils appelaient l'usurpateur, leur est venue comme une vengeance; ils l'ont acceptée, ils la serviront. Le clergé qui était à leur tête est entré largement dans cette voie, il a compris que la République proclamait un principe écrit dans l'Évangile, à toutes les pages. Ainsi, les partis anciens ont disparu, et il ne s'en est pas formé de nouveaux.

Plus de partis !

Mais je dis aussi : Plus de proscriptions ! Plus d'exils politiques ! Permettez aux princes de rompre leur ban !...

La France, grande et forte, ne craignant rien de personne, attendant tout de l'union et du véritable patriotisme de ses enfants, doit les appeler tous dans son sein. Jérôme Bonaparte, Louis et Napoléon Bonaparte, ont écrit au Gouvernement provisoire, pour se mettre à la disposition de la République, à laquelle ils se ralliaient sans arrière-pensée. Que le gouvernement ait foi en leur parole et accepte leurs services.

Qu'on permette au comte de Chambord de rentrer en France, de servir son pays en bon citoyen ou en brave soldat. S'il vient parmi nous, lui aussi, c'est qu'il aura renoncé loyalement à toutes les espérances de sa race, à tous les rêves de son passé.

Et même, quand les plaies encore saignantes seront cicatrisées, quand les passions de la lutte seront oubliées dans les joies du triomphe, quand le gouvernement républicain sera puissamment organisé, quand l'exil aura apporté ses salutaires leçons, le repentir ou le remords, laissez aussi à ceux qui viennent de partir pour l'exil la liberté de rentrer en France, indifférents ou dévoués.

Qu'un jour, les descendants de toutes les races royales soient fraternellement unis à tous les enfants du peuple.

Et la magnifique prophétie de Béranger (*Prédictions de Nostradamus, pour l'an deux mil*) sera réalisée avant le terme. La France aura fait *l'aumône au dernier de ses rois*, l'aumône d'un oubli, d'un pardon et d'une place au soleil de la patrie.

TROISIÈME PARTIE.

LES HOMMES DE FÉVRIER 1848.

Les Réprouvés et les Élus.

Nous n'avons nullement la prétention d'écrire des biographies ni même de tracer des portraits. Seulement il nous a paru utile d'esquisser quelques traits des principaux acteurs du grand drame de Février, des hommes qui y ont participé à un titre quelconque, et de ceux que leurs antécédents, leurs convictions politiques, leurs écrits ou leur caractère appelaient à y prendre part. Tous ne pouvaient pas trouver place dans le cadre étroit de ce tableau. Nous avons inscrit les noms qui se présentaient le plus naturellement sous notre plume, ceux qui étaient sur toutes les lèvres ; les noms des séides du pouvoir déchu, les noms des soutiens du gouvernement nouveau ; ceux que recommandaient à nos blâmes ou à nos sympatthies une faute commise ou un service rendu ; les plus coupables ou les mieux méritants ; les uns pour l'expiation et la flétrissure, les autres pour l'hommage et la reconnaissance. Nous n'avons pas toujours choisi les plus illustres ni même les plus connus, et plus d'une fois un détail oublié ou ignoré dans la vie d'un citoyen honnête a été un titre à notre préférence.

§ 1. Les Hommes de la veille.

LOUIS-PHILIPPE Ier, *roi des Français*. — Des ducs d'Orléans, ces beaux fils de France, si pleins de grâce, de verve, d'esprit, si fiers de tous ces avantages, sous lesquels ils ont caché tant de passions et de vices, ces brillants roués qui, depuis plusieurs siècles, faisaient les yeux doux à la couronne de France, leur cousine germaine. Louis-

Philippe, le premier d'eux tous, ceignit son front du diadème, et il crut que l'avenir lui appartenait. L'avenir n'est qu'à Dieu et aux peuples. Il avait courbé la tête devant la nation française pour obtenir la couronne de France, il plia le genou devant les souverains étrangers pour la conserver. Puis, après dix-huit ans d'un règne presque paisible, quand il la crut bien solide, le souffle populaire l'enleva de sa tête tremblante et la brisa sur le pavé de sa capitale. Et lui, entendant gronder l'orage, il disait : c'est une émeute. C'était une révolution, sire, et vous devriez vous y connaître mieux. Mais les rois sont aveugles. Les rois absolus et de droit divin le sont en naissant; les rois constitutionnels et par droit d'élection, le deviennent en montant sur le trône. C'est la seule différence entre eux, et ces deux cécités sont également incurables. Et cependant c'était un homme habile que Louis-Philippe, insinuant quand il le fallait, ferme au besoin, politique toujours et presqu'à moitié populaire quand il est monté sur le trône. Depuis, l'action délétère du pouvoir suprême et les premières atteintes de la vieillesse avaient dénaturé son caractère et anéanti pour toujours son éphémère popularité. Parmi les fautes qu'on peut lui reprocher à juste titre, la plus grave, la plus impardonnable, c'est d'avoir placé ses intérêts avant les intérêts nationaux, sa famille avant son peuple, sa dynastie avant l'État, sa fortune avant tout. Cette faute est presque un crime. Chez les particuliers cela s'appelle *égoïsme*; chez un roi, cela peut devenir *trahison*.

Mais imitons la magnanimité du peuple parisien qui, après avoir chassé ceux qu'il accusait de tous ses maux, a cessé de s'occuper d'eux, se renfermant dans une sublime indifférence. Pas de haines pour les vaincus! pas de vengeance contre les exilés!

M. GUIZOT, *ex ministre des affaires étrangères*. Le plus grand orateur de notre époque, si l'éloquence pouvait se passer de conscience. Le superbe ministre!... lui, qui nous jetait le dédain par bouffées du haut de la tribune, qui nous parlait de son honneur quand il laissait flétrir le pavillon français, de sa loyauté quand il conviait la France à la corruption, de sa responsabilité ministérielle quand il compromettait l'inviolabilité de la couronne! Comment va-t-il se justifier maintenant devant ce vieillard qu'il a entraîné dans sa chute et qu'il a suivi ou précédé sur la terre étrangère ? Mais plutôt comment va-t-il se défendre devant la nation qu'il a trompée, qu'il a provoquée, et qui, usant d'un droit écrit dans la charte, l'a mis en accusation lui et ses collègues, ses complices. Répondra-t-il encore par le dédain? Sans doute, car son orgueil n'a d'égal que son ambition, qui est incommensurable.

M. DUCHATEL, *ex-ministre de l'intérieur.* Le digne collègue de M. Guizot, l'organisateur en chef de la corruption, le correspondant des électeurs bien pensants, le rémunérateur des élus dévoués. C'est lui qui a trouvé *l'inspecteur des copies du portrait du roi...* c'est lui qui a appliqué aux banquets politiques une ordonnance de police de 1790 ; c'est lui qui, depuis le 29 octobre, n'a cessé de distribuer la pâtée budgétaire aux conservateurs de la grande politique; c'est à lui que nous devons cette augmentation scandaleuse de soixante-quatre millions par an sur les traitements des grands fonctionnaires. Je n'en finirais pas si je voulais énumérer tous les titres de ce grand citoyen à la reconnaissance des bons Français.

M. HÉBERT, *ex-ministre de la justice et des cultes.* L'inventeur de la complicité morale. Cela suffit presque à sa gloire. Pour parfaire son éloge, ajoutons que, sectateur enthousiaste et admirateur passionné de M. Guizot, il a tourné autour de sa grande politique avec la régularité d'un satellite autour de sa planète.

M. DUMON, *ex-ministre des finances.* Il y est resté juste assez longtemps pour s'apercevoir qu'elles étaient en fort mauvais état et pour venir affirmer au pays sur son honneur qu'elles n'avaient jamais été plus prospères.

LES PETITS MINISTRES. — M. JAYR, *ex-ministre des travaux publics, ex-préfet de l'Ain, ex-préfet du Rhône.* Homme créé et mis au monde par la Révolution de Juillet. Qui s'en douterait? Que n'est-il resté dans son département, où l'on savait prononcer son nom et apprécier son mérite !

M. DE MONTEBELLO, *ex-ministre de la marine.* Le fils d'un grand général, l'écho d'un grand nom. Il a fait ses études maritimes sur le grand bassin des Tuileries.

M. DE TRÉZEL, *ex-ministre de la guerre.* Il s'est fait battre en Algérie. On ne peut pas être toujours heureux. Pauvres petits ministres! Ils voudraient bien ne l'avoir jamais été afin de pouvoir crier aussi : *Vive la République!* comme tant d'autres qui ne l'aiment guères plus qu'eux.

JEAN DE DIEU SOULT, *ex-duc de Dalmatie, ex-maréchal-général.* Illustre épée... rouillée dans le fourreau. La patrie reconnaissante lui doit une place aux Invalides pour les services qu'il a rendus à la République... dans sa jeunesse.

LE MARÉCHAL BUGEAUD. Homme de guerre et nom de guerre. Avant notre première Révolution il s'appelait : *marquis de la Piconnerie.* Il y perdit son nom et y gagna ses épaulettes. Depuis il a rendu des services à notre colonie d'Afrique et a été créé *duc d'Isly* après la bataille de ce nom. Mais, comme si le destin avait juré de ne jamais le laisser jouir en paix de ses titres nobiliaires, notre nouvelle Révolution vient de lui enlever sa nouvelle noblesse. Il lui reste son grade honorablement acquis, et son nom de Bugeaud, qui serait glorieux s'il n'était taché par le sang des martyrs de la rue Transnonain. M. Bugeaud a fait adhésion à la République avant même que le roi eût quitté la France. C'est y mettre de la bonne grâce et de l'empressement.

M. DUPIN, *procureur général près la Cour de cassation.* Un des derniers qui aient pris la parole en faveur de la dynastie déchue, un des premiers qui aient salué d'une adhésion l'aurore de la République. Et cependant c'est un des hommes les plus fermes de son parti. Il n'est rien moins que courtisan. Indépendant à sa manière, il avait conquis le droit de dire à chacun les vérités les plus vraies et souvent les plus dures. Ses coups de boutoir sont presque aussi célèbres dans le monde parlementaire, que les calembours de M. Sauzet ; jurisconsulte éminent, magistrat intègre, honnête homme, ami de l'ordre... Ce sera le Caton de notre République. Caton le Censeur, bien entendu.

M. SAUZET, *ex-président de l'ex-chambre des députés.* Étudiant en droit sous la Restauration, il présidait un comité républicain. Avocat libéral en 1830, il défendait M. de Chantelauze. Plus tard, député libéral, il allait représenter à la chambre les libéraux de la ville de

Lyon. Plus tard encore... mais alors il avait passé par le ministère et oublié au vestiaire de la chancellerie ses convictions libérales et ses vertus républicaines... il devint un des familiers du château et le candidat de la cour à la présidence de la chambre. Depuis il a agité sa sonnette pour tous les ministères qui se sont succédé, et toujours avec le même zèle, le même dévouement, la même docilité. Conscience honnête, mais âme faible.

M. PASQUIER, *ex-grand chancelier de France*. L'homme qui a le plus prêté de serments dans sa vie. Le *Charivari*, se livrant à un calcul digne de Charles Dupin, nous apprend que M. Pasquier a quitté Paris en décochant un 1574me serment. Le chiffre est exact, mais la nouvelle est fausse. Nous croyons plutôt que c'est pour éviter cette peine à M. Pasquier que le Gouvernement provisoire a dispensé les fonctionnaires du serment de fidélité. On peut bien faire cela en faveur d'un pauvre vieillard qui a si souvent fait le sacrifice de ses opinions pour sauver sa patrie et son traitement.

M. DECAZES, *ex-grand référendaire de l'ex-chambre des pairs*. Dans une réunion du comité d'horticulture dont il est président, il vient de manifester toutes ses sympathies pour le gouvernement républicain. Cela nous rappelle qu'il y a deux ans à peine, dans une réunion semblable, il terminait un discours sublime de platitude par une phrase de remercîments pour la duchesse d'Orléans, protectrice de la société horticole ; mais hélas ! le courtisan de tant de dynasties, confondant les dates et les personnes, récita malencontreusement cette vieille phrase oubliée dans un coin de sa mémoire : « Oui, messieurs, honneur à la duchesse *de Berry* et à son auguste fils ». De peur de s'exposer de nouveau à de pareilles confusions, nous conseillons à M. Decazes d'endosser désormais le paletot de la vie privée et de profiter des loisirs que ne manquera pas de lui faire la République, pour se livrer aux joies douces et paisibles de l'horticulture. Nous me de se réciter les beaux vers des *Géorgiques* :

*O fortunatos nimium sua si bona nôrint
Agricolas. . . . . . .*

Cette existence digne de Cincinnatus ne peut manquer de séduire un aussi bon Républicain.

M. DE MACKAU. Heureux d'être débarrassé d'un gênant portefeuille, il s'est précipité dans les bras de la jeune République. Son cœur à volé vers le Gouvernement provisoire, comme il avait volé des Bourbons aux d'Orléans, de Charles X à Louis-Philippe. Que voulez-vous, il espère que les gouvernements le traiteront comme les femmes qui l'adoraient en l'appelant : *Grand volage*. Prenez-garde, brillant papillon !

§ 2. Les Hommes du jour.

M. DUPONT (de l'Eure), *Président du Gouvernement provisoire.* Le drapeau vivant de la liberté ! Le plus honnête homme de France ! *Probité politique :* En 1830, pendant son court passage au ministère de la justice, il résista à toutes les tendances contre-révolutionnaires du roi, qui commençait à se démasquer. A propos de la destitution de M. Odilon-Barrot, alors préfet de la Seine, il eut avec Louis-Philippe la conversation suivante : LE ROI. C'est une affaire arrangée avec le général Lafayette; seulement il désire ne pas paraître dans cette affaire; il vient de me donner sa parole. — DUPONT. Cela est impossible. — LE ROI. Vous me donnez un démenti? — DUPONT. Non, sire, je rétablis les faits. M. de Lafayette vient de m'assurer qu'il ne consentirait jamais à cette injuste destitution. — LE ROI. Il m'a dit le contraire. — DUPONT. Je n'y croirai jamais, sire. — LE ROI. Vous me manquez. — DUPONT. Je dis la vérité... et je me retire. — LE ROI. Je dirai à tout le monde que vous m'avez manqué. — DUPONT. Je dirai le contraire, on me croira. Et le citoyen couronné dut céder au citoyen vertueux. *Probité privée.* Quand Dupont (de l'Eure) quitta l'hôtel du ministère, tout son bagage tenait dans une malle portée par un Auvergnat. Au grand scandale de ses collègues, il avait refusé les vingt-cinq mille francs de frais de premier établissement alloués aux ministres, disant que son déménagement ne lui avait rien coûté. Cette simplicité antique et cette probité proverbiale le désignaient aux choix de la nation et, quand il s'est agi de former un Gouvernement provisoire, son nom qui était dans tous les cœurs est sorti de toutes les bouches.

LAMARTINE, *ministre provisoire des affaires étrangères.* Le véritable héros de la situation. Que lui manque-t-il pour enchanter, séduire, captiver, conquérir le peuple qui l'écoute, qui l'admire, qui l'aime ? Beauté physique, beauté morale, dignité, patriotisme, génie poétique, éloquence persuasive, grandes idées et sentiments généreux. Il a toutes les supériorités, il a conquis toutes les gloires. Poëte, il nous arrachait des larmes de douleur et d'amour ; orateur, il nous passionnait pour les grandes et nobles causes ; historien, il nous instruisait à nous rendre dignes de la liberté ; homme d'action, au danger de sa vie, il rappelait le peuple à ses devoirs, à ses véritables intérêts ; diplomate, il parlait aux cours étrangères le langage d'une nation libre et fière ; homme d'État, il sauvera peut-être la France comme il a sauvé les trois couleurs de la République.

LEDRU-ROLLIN, *ministre provisoire de l'intérieur.* Avant cela, chef de l'opposition radicale. Orateur énergique, ardent, sincère ! Quand du haut de la tribune, la tête-haute et majestueuse, la voix tonnante, le geste menaçant, il laissait tomber sur ses adversaires un blâme mérité ou un avertissement salutaire ; ou bien quand, rayonnant d'espoir, il faisait briller aux yeux de ses amis politiques l'aurore entrevue d'un avenir meilleur. — A l'ordre, à l'ordre ! Il va trop loin, criaient ces beaux messieurs du centre. Et aujourd'hui ils sont à ses genoux, implorant sa faveur. — Vous étiez prophètes, lui disent-ils. — Non, messieurs, seulement il vous avait étudiés assez pour comprendre que la France se lasserait bientôt de vous. Et puis il avait vu le soleil de Juillet se coucher dans les nuages, et il avait prédit la tempête.

FRANÇOIS ARAGO, *ministre provisoire de la marine.* Savant populaire, parce qu'il a mis la science à la portée de tous ; orateur populaire, parce qu'il a parlé dans l'intérêt de tous.

GARNIER-PAGÈS, *ministre provisoire des finances.* Il a su porter sans fléchir le fardeau d'un nom glorieux et aimé du peuple.

ARMAND MARRAST, *rédacteur en chef du National, secrétaire du Gouvernement provisoire;*

FERDINAND FLOCON, *rédacteur en chef de la Réforme, secrétaire du Gouvernement provisoire.* Cœurs éprouvés, convictions profondes, dévouements chaleureux. Républicains incorrigibles. A la tête des journaux les plus avancés, que n'ont-ils pas souffert pour leur cause, hier persécutée, triomphante aujourd'hui. Atteints dans leur fortune, atteints dans leur liberté, ils ne se plaignaient pas, ils ne se décourageaient pas, ils puisaient dans leurs martyres politiques une nouvelle ardeur pour le combat, et remontaient sur la brèche plus décidés que jamais à vaincre ou à mourir. Ils suivaient noblement et sans dévier la route que leur avaient tracée deux hommes purs et nobles, à jamais regrettables. Armand Carrel et Godefroi Cavaignac, leurs deux amis.

LOUIS BLANC, *secrétaire du Gouvernement provisoire.* Son *Histoire de Dix ans* l'a mis au premier rang parmi nos grands publicistes; son *Histoire de la Révolution Française* le mettra au premier rang parmi nos grands historiens. Sa brochure *sur l'Organisation du travail* l'a désigné au suffrage de tous, comme le plus capable de résoudre cet immense problème social. C'est de lui que les travailleurs attendent leur salut, c'est par lui que la France espère *l'ordre dans la liberté.*

PAGNERRE, *maire du 10ᵉ arrondissement, secrétaire-général du Gouvernement provisoire.* Éditeur populaire, il n'a jamais cessé de prêter son concours aux écrivains démocratiques; citoyen éclairé, il n'a jamais cessé de donner à la cause de la liberté l'autorité de sa parole et de ses talents. Depuis longtemps il dirigeait les opérations du *Comité central de l'Opposition*, et, plus que tout autre, il a contribué à rendre efficace la résistance légale aux tendances rétrogrades du pouvoir.

Le citoyen **SOBRIER**, *délégué par le Gouvernement provisoire à la direction de la Police.* Il a trouvé dans les archives de son bureau cette note sur lui-même. Rapport du 14 décembre 1835 : « Le « nommé Sobrier, ex-commissaire de la Société des *Droits de* « *l'Homme*, agit activement pour augmenter le nombre des affiliés « aux légions révolutionnaires..... Il a des idées fanatiques, et est

« ami intime de Levraud. Tous deux ont été mis hors de cause dans
« le procès d'avril..... Et cependant !..... »

LAGRANGE, *citoyen Lyonnais*. C'est lui qui, dans le grand procès
d'avril, assis au banc des prévenus, lorsqu'on lisait l'acte d'accusation, couvrant de sa voix grave et solennelle la voix mal assurée du
magistrat, protestait, au nom de l'équité violée, contre cette procé-
dure monstrueusement irrégulière, et, à la face de ses juges trem-
blants, lisait à son tour l'acte d'accusation du pouvoir qu'il traduisait
devant le grand tribunal de la nation.

BAUNE, *condamné politique*. La Révolution de 1830 le trouva professeur de dessin dans l'institution Grandperret, à Lyon. Il y prit
une part active, sans changer sa position. Homme de tête et homme
de cœur, pratiquant le dogme saint de la fraternité, touché et indigné
du sort misérable des travailleurs, il s'associa à toutes leurs luttes, à
toutes leurs défaites, à toutes leurs souffrances. Il était avec ces
hommes qui, harcelés par la faim, descendaient des hauteurs de la
Croix-Rousse portant une bannière noire où était écrite en lettres
blanches cette devise à-la-fois sublime de résignation, et grande de
menace : *Vivre en travaillant ou mourir en combattant.*

ARMAND BARBÈS, *autre condamné politique*. Ame ardente, pas-
sionnée pour la liberté, inébranlable dans ses résolutions. Traîné de
cachot en cachot, il a vu sa belle jeunesse se flétrir inutile dans l'in-
action fiévreuse de la captivité. Quand sa pensée active et délirante
l'emportant au-delà de l'espace et du temps lui faisait rêver la France
grande et libre, l'air et le mouvement étaient mesurés à son corps
descendu tout vivant dans la tombe. Nous l'avons vu à la maison
centrale de Nîmes, pâle, morne, abattu, l'œil en feu fixé sur un ho-
rizon mystérieux, sur Paris, sur l'avenir, épiant l'aube du jour qui
devait apporter la délivrance au soldat prisonnier et à la nation op-
primée.

MICHELET, QUINET et MICKIEWICZ. La trinité du collége de France.
Les vrais amis de la jeunesse des écoles. Les derniers ils ont fait
appel aux sentiments généreux et au patriotisme des jeunes Français, et, quand tous les autres se taisaient effrayés ou séduits, seuls
ils montaient en chaire au milieu d'un auditoire enthousiaste, et

chacune de leurs paroles était une protestation contre l'oppression et la violence, chacune de leurs leçons était un acte d'indépendance et de courage. Quand le ministère, au mépris des droits de la pensée, a fermé leur amphithéâtre, la presse leur a fourni un nouveau champ de bataille et ils n'ont pas fait défaut à la lutte.— M. MICHELET, esprit sérieux, positif, observateur, érudition immense, travail infatigable, style coloré et pittoresque. Par l'analyse minutieuse des événements, il arrive à la science exacte des causes. Dans ses ouvrages l'histoire est une *Résurrection*. — M. QUINET. Esprit élevé, mais un peu vague. Plus orateur qu'historien, plus poëte qu'orateur, aimant à grouper les idées, les hommes et les faits dans une vaste synthèse d'où il fait jaillir la lumière par faisceaux. Si différents, par leur méthode, ces deux hommes, frères par le cœur, arrivaient au même but : la propagande des idées chrétiennes et démocratiques. Tous deux voyaient loin devant eux. On attribue à M. Michelet cette parole prophétique : « Entre 1830 et 1848, il y aura un trait « d'union.» Et M. Quinet, peu de jours avant d'être chassé de cette chaire où la République vient de le rappeler, prononçait ces belles paroles : « Messieurs, nos pères ont beaucoup fait, mais il nous reste « beaucoup à faire. En 1815 on avait cloué la France dans le cer- « cueil ; en 1830 elle a brisé la pierre du sépulcre, mais, épuisée par « cet effort, elle est retombée à genoux dans sa tombe, un drapeau « tricolore à la main... Un jour, bientôt peut-être elle se relèvera « triomphante pour appeler l'Europe à la liberté. » Adam MICKIEWICZ, le héros polonais, dont la voix puissante souleva Cracovie, en 1831. Il joint à une vaste érudition une rare éloquence et des idées pleines de grandeur. Un gouvernement mesquin et trembleur a enlevé au savant réfugié, à l'éloquent apôtre de l'émigration polonaise, la chaire que l'hospitalité française lui avait ouverte. Espérons que le Gouvernement provisoire s'empressera de l'y rappeler comme il l'a fait déjà pour ses deux collègues et amis MM. Michelet et Quinet.

BÉRANGER. Le chansonnier populaire, puisque ce titre sufît à son ambition et qu'il n'en veut pas d'autre. Cependant il a consenti à faire partie de la commission pour la réforme de l'instruction publique. C'est d'un heureux augure pour la régénération des études.

Que la France entière se réunisse pour voter des remercîments au grand poëte, qui ne veut pas de place à l'Académie, pour faire honneur au grand citoyen qui ne veut pas de place dans le gouvernement, et qui accepte une modeste fonction où il espère se rendre utile. Espérons pourtant que le poëte national se laissera faire académicien. Un des motifs qu'il donnait pour échapper à cet honneur a disparu. Il disait : « Quand on est académicien on risque de s'endormir bien portant, et de se réveiller pair de France. »

GEORGES SAND. Mettons de côté, si vous voulez, le style enchanteur et séduisant de l'illustre littérateur, les récits gracieux et touchants de l'habile romancier, les observations fines ou profondes du moraliste, la science de l'historien, les grâces de l'artiste, la verve, l'imagination, l'esprit, le talent... il restera encore à cette femme de génie l'enthousiasme démocratique du grand poëte et les croyances sociales du grand philosophe. C'est surtout dans les *Compagnons du tour de France*, *Consuelo*, la *comtesse de Rudolstadt*, *Spiridion*, et *Lélia* qu'on peut peut voir comment elle a compris la famille et la société ; l'individu et l'État ; les devoirs des gouvernements et les droits des populations ; l'indépendance des nations et les libertés des peuples ; le sort de la femme, de l'artiste, de l'ouvrier; en trois mots, la liberté, l'égalité et la fraternité universelles. L'illustre auteur publie en ce moment, à la librairie de Hetzel, sur les derniers événements, des *Lettres au peuple* qui renferment, comme tous ses ouvrages, les doctrines les plus pures et un appel à tous les bons sentiments.

PIERRE LEROUX. L'ami de Georges Sand. Apôtre saint-simonien après 1830. Il a aujourd'hui renoncé aux théories irréalisables de son ancienne doctrine, pour n'en garder qu'une philosophie pleine de sens et de droiture et une éloquence puissante. Après avoir lu avec entraînement et médité avec calme sa belle *Réfutation de l'éclectisme*, nous avons regretté qu'il se soit borné à un ouvrage critique et n'ait pas donné un exposé complet et dogmatique de son système philosophique et économique. Il est vrai que la rédaction de son journal et les luttes de la presse ne lui en ont guère laissé le temps. — Depuis huit jours il est maire de sa commune.

HENRI DELATOUCHE. Vieil ami de Georges Sand, et son compatriote, Romancier plein d'intérêt, poëte plein de chaleur, patriote plein de dévouement. Pourquoi notre Révolution n'est-elle pas venue plus tôt? Elle l'aurait trouvé jeune encore, encore fort, prêt à prendre sa part des événements, à s'y mêler, à les diriger. Depuis quelques années le découragement l'a pris, puis le dégoût. Il s'est retiré d'une société dont il n'attendait plus aucun effort généreux. D'apôtre, il s'est fait ermite. Il est allé vivre en sage dans sa petite maison des bois, dans un désert à deux lieues de Paris, au fond de la Vallée-aux-Loups, à Aulnay.

FÉLIX PYAT. L'auteur de *Diogène* et du *Chiffonnier*. L'homme de France qui sait le moins dissimuler sa pensée, comme le prouve sa *lettre au duc de Nemours* datée de Tours, après les inondations de la Loire.

BARTHÉLEMY. Le Barthélemy d'autrefois, l'auteur de la *Peyronnéide*, la *Villéléiade*, *Rome à Paris*, l'improvisateur hebdomadaire de la *Némésis*, le poëte-journaliste, le poëte-combattant, toujours prêt à aller retrouver à Sainte-Pélagie sa place encore chaude. Pourquoi ce silence obstiné de douze années? Pourquoi pendant douze ans a-t-il rongé son frein, *mâché sa colère?* Pourquoi? quelle main puissante tenait le bâillon sur sa bouche, quelle force morale comprimait l'essor de sa pensée? Et puis, quand il est redescendu dans l'arène politique, pourquoi ces hésitations, ces ménagements? qu'il se justifie donc une fois le poëte! Du moins rendons-lui cette justice que, dans son dernier *zodiaque* adressé à M. Polck, et qui a précédé de quelques jours nos grands événements, il est redevenu l'homme des vieux jours. En retrouvant ses inspirations républicaines, il a trouvé aussi de nobles expressions et de beaux vers. Il nous a rappelé involontairement que, chez les Romains, le poëte et le prophète n'avaient qu'un même nom : *Vates* !

ALEXANDRE DUMAS. L'homme le plus décoré de France. Ex-marquis de la Pailletterie, ex-romancier populaire, ex-ami de l'ex-famille royale, commandant de la garde nationale fixe, mais homme très-mobile. Au moment où ses augustes amis quittaient à jamais le palais où ils l'avaient si souvent fêté, il s'est souvenu qu'il avait une foule de raisons pour être républicain. Vous croyez peut-être qu'il s'est converti. Détrompez-vous, il a toujours été républicain. Si vous voulez, il vous prouvera qu'en flattant les princes il faisait acte de bon citoyen, et qu'en les abandonnant il se montre fidèle au malheur. Il a assez d'esprit pour cela, le citoyen-marquis.

ÉMILE DE GIRARDIN. Républicain enragé depuis que nous avons la République. N'allons pas douter de sa sincérité, il pourrait croire que nous voulons *traiter son cœur en cœur vulgaire.* Dieu nous en garde. Seulement constatons qu'il y a quelques années il était plus ministériel que le ministère ; qu'il y a quelques mois il se disait plus conservateur que le centre ; qu'il y a quelques jours, il voulait être plus royaliste que le trône. Demain, n'en doutez pas, il sera plus républicain que le gouvernement de la république. Son dernier acte est honorable ; sa démission donnée à propos l'a mis pour un moment à la tête de ceux qui marchaient devant lui.

ODILON BARROT. Il a été un instant l'homme du jour. C'était hier, c'était avant le 22 février, c'était quand il parcourait la France pour organiser et présider les assemblées réformistes, c'était quand sa fermeté luttait à la tribune contre l'impudence du ministère, c'était lorsqu'il se préparait à faire, malgré le pouvoir, une manifestation qu'il croyait et qui était légale. Cette popularité d'un jour, il n'a pas su la porter. Homme de parole plutôt que homme d'action, il a commis deux fautes impardonnables : rester député après la flétrissure inique, reculer devant le banquet après le défi audacieux. Le peuple ne lui en veut pas, mais il ne veut plus de lui.

M. THIERS. Longtemps M. Thiers, véritable passe-partout politique, a su trouver sa place dans toutes les coteries influentes et une bonne place. Mais son étoile l'abandonne. Dans les dernières années de la monarchie, il s'était rendu impossible par trop de ferveur libérale ; sous le régime républicain, ses opinions trop monarchiques doivent lui interdire l'accès du pouvoir. C'est la grande faute de ces hommes du soi-disant parti modéré, sous prétexte de fuir les extrêmes, ils se sont assis entre deux principes, entre une erreur et une vérité, et ils ont appelé cela *juste milieu.* Personne n'a oublié que M. Thiers, ministre du premier mars, est l'homme des *lois de septembre.* Quand elles auront cessé de peser sur nous, elles pèseront encore sur sa conscience.

TROIS PAIRS DE FRANCE. M. DE BOISSY a longtemps composé à lui seul toute l'opposition de la chambre haute. Ami des personnalités, peu observateur des formes parlementaires, il a été rappelé à l'ordre par M. Pasquier presque autant de fois que M. Pasquier a prêté de serments. Guérillas intrépide, plutôt que général habile, il faisait une guerre de tirailleur et harcelait l'ennemi par sa ténacité infatigable; interrupteur heureux plutôt que véritable orateur, il prenait la parole malgré tous et la gardait en dépit de tout. Exemple : M. PASQUIER. Vous n'avez pas la parole. — M. DE B. Je la prends. — M. P. Ce n'est pas votre tour.— M. DE B. Eh bien, ce soir je ne voulais parler qu'un quart-d'heure, demain je parlerai deux heures. (Marques générales d'effroi.) — M. P. Parlez donc, alors.— M. DE B. Vous m'interrompez... je ne parlerai pas.

Tout chemin lui était bon pour arriver à son but. Ne l'avons-nous pas vu naguère passer par Vincennes pour arriver à l'Algérie; par le chapitre de Saint-Denis pour arriver aux abus de la corruption, et surtout passer par-dessus tout pour arriver à la tribune. Pourquoi n'aurait-il pas aussi traversé la révolution pour arriver à la république? Rappelons-nous cependant que tout dernièrement il reprochait à un ex-ministre d'être moins royaliste ou plus jeune royaliste que lui. Sera-t-il longtemps républicain? Nous le souhaitons, tout en craignant qu'il ne puisse vivre longtemps sans faire de l'opposition. Mais nous sommes encore dans la lune de miel, et, pour le moment, il prête son concours au gouvernement. C'est un républicain provisoire.

M. LE DUC D'HARCOURT. Depuis dix-sept ans, il n'a cessé chaque session de faire insérer dans l'adresse un amendement en faveur de la Pologne. Manifestation inutile, mais persistance honorable.

M. D'ALTON-SHÉE. Il n'est *ni royaliste ni chrétien*, mais c'est un homme de cœur et un républicain sincère. Les pairs de France étant sans ouvrage, depuis la fermeture de leurs ateliers législatifs, ces trois messieurs ont été nommés ambassadeurs.

§3. Les Hommes du lendemain.

Les grands événements sont toujours accompagnés de phénomènes étranges, bizarres, effrayants et contraires aux lois de la nature. Les phénomènes de cette espèce n'ont pas manqué à nos grandes journées. Nous avons vu : des bornes marcher, des girouettes politiques rouillées sur leur pivot tourner au vent populaire, des aveugles ouvrir leurs yeux à la lumière, des braves trembler pour leur vie, et des banquiers s'attendrir. Nous avons entendu les muets du sérail crier : Vive la République ! Nous avons vu M. Deb... verser des larmes révolutionnaires, et M. J. Lef... souscrire pour les blessés de la République. Nous avons vu nombre d'hommes trop connus rompre brusquement avec leur passé et s'élancer vers un avenir nouveau en ouvrant les bras....., et en tendant la main, demandant *leur part de royauté* sans avoir participé à la Révolution, leur part de butin sans s'être mêlés à la bataille, leur place à la *curée* sans avoir suivi la chasse.

Halte-là ! Messieurs, il n'y aura de curée pour personne. Pour les apostats il n'y aura que la honte et le mépris.

Que pensaient-ils, ces nouveaux venus quand la France s'indignait ? Que disaient-ils quand le pays criait : Réforme ? Où étaient-ils quand le peuple se battait ? Que faisaient-ils quand Paris baptisait dans son sang la jeune liberté ? Ils pensaient que c'était folie de se plaindre de la corruption quand on pouvait en profiter. Ils disaient que le pouvoir qui les nourrissait faisait le bonheur de la France. Puis, quand l'orage vint, ils se cachèrent.

Pendant la tempête ils n'étaient nulle part. Le lendemain ils étaient partout ; avides, haletants, au pas de course ils arrivaient par toutes les issues ; ils se précipitaient au-devant des faits accomplis ; ils envoyaient leur carte au Gouvernement provisoire ; ils demandaient des places, des récompenses nationales. Ils voulaient se partager la France.

Effrayés des amas de papier noirci dont ces pétitionnaires sans pudeur encombraient l'Hôtel-de-Ville, les secrétaires du Gouverne-

ment proposaient de jeter au feu toutes ces pétitions sans valeur.
— Non, dit un citoyen, gardez-les pour avoir le nom et l'adresse
de tous les *intrigants* de France.

Il a raison. Et c'est là le vrai nom de ces hommes. Citoyens,
nous touchons au moment des élections générales. Dans un mois
vous allez nommer les hommes qui doivent vous donner une constitution et un gouvernement. Le monopole est détruit, le cens est
aboli, le suffrage universel est rendu aux citoyens Français. La
France a 885 représentants à nommer. Tous les Français sont électeurs; tous les électeurs concourent à la nomination de tous les représentants de leur département. Électeurs, ne laissez pas surprendre
la liberté de votre vote ; citoyens, défiez-vous des *intrigants*.

N'envoyez à l'Assemblée Nationale que les hommes dont la capacité et surtout la droiture et l'indépendance vous sont bien connues.
Défiez-vous de ceux qui hier vous tournaient le dos et qui aujour-
d'hui, déguisés en bons citoyens, cachant leurs peurs ou leurs espérances sous l'uniforme civique, viennent emboiter le pas dans vos
rangs. Défiez-vous aussi de ces hommes flottants et indécis, amis
des demi-mesures et des expédients timides, toujours prêts à se
désavouer s'ils craignent d'être allés trop loin, comme certain
député du centre gauche qui, en s'inscrivant pour le banquet trois
jours d'avance, savait qu'il serait malade le jour où il aurait lieu.

Et vous, messieurs les ambitieux et les intrigants, aux paroles miel-
leuses et aux allures serpentines, donnez vous moins de peine. Plus
de démarches ridicules! Plus de courbettes inutiles ! Moins bas, de
grâce ! inclinez-vous moins bas. La république n'y perdra rien et la
vérité y gagnera quelque chose. Et surtout, ne tendez plus la main;
la mendicité est interdite par les lois de la république.

Mais à qui la faute s'ils sont cupides? A qui la faute s'ils tendent
la main? N'est-ce pas à ce pouvoir qui les gorgeait d'or et de places, qui a toléré, encouragé cette cupidité? Ce sont les corrupteurs
qui font les corrompus : mais les corrupteurs ont été punis. A
l'heure du désastre, où ont-ils trouvé, je ne dis pas un dévouement
ou une fidélité, mais seulement une apparence de gratitude et une
ombre de regret ?

En 1830, une dynastie déchue part pour l'exil; elle a contre elle la majorité des Français, le peuple, la classe moyenne; mais il lui reste une minorité dévouée. Ses gardes du corps, ceux qui ne sont pas morts en défendant leur vieux roi, l'escortent à la frontière, ses fidèles gentilshommes l'accompagnent en pleurant jusqu'à Cherbourg. Beaucoup s'exilent avec lui. Son départ est une retraite et non une fuite. Les hauts fonctionnaires de l'État donnent leur démission avec un empressement unanime, et pendant dix-huit ans beaucoup restent fidèles à la religion du souvenir et au culte du malheur. Si les ralliements intéressés arrivent peu-à-peu ils sont rares; on les compte, on les a provoqués.

En 1848, c'est encore une dynastie déchue et exilée, c'est encore un vieillard découronné qui fuit devant son peuple. Mais là s'arrête la ressemblance. Il part seul, ses serviteurs sont dispersés, ses créatures l'ont abandonné, ses amis l'ont renié. Ceux qui hier mangeaient dans sa main sont allés chercher un autre ratelier. Pas une démission. Comme les sénateurs romains sur leurs chaises curules, assis sur leurs traitements, les fonctionnaires les plus monarchiques attendent une destitution. Au lieu de ralliements tardifs, ce sont de toutes parts des adhésions spontanées.

Quelle que soit la vertu du gouvernement républicain, et elle est immense, nous ne lui attribuons pas tout le mérite de ces conversions miraculeuses. Elle a eu pour complices la cupidité des individus et les exemples du pouvoir déchu. Pauvre pouvoir! Il avait semé la corruption, il recueille l'ingratitude et l'apostasie.

C'était justice! Cependant nous ne pouvons nous empêcher de flétrir ceux qui l'ont trahi après l'avoir trompé, les hommes que la pudeur nous a défendu de désigner par leurs noms, les renégats, les *hommes du lendemain*, ou plutôt les hommes de tous les jours, de toutes les situations, de tous les pouvoirs, ceux qui cherchent leur place dans toutes les combinaisons politiques, leur intérêt dans toutes les places, les *intrigants*.

NOTES SUR QUELQUES JOURNAUX.

Le journal des débats. Vieux Crispin qui a servi tous les maîtres et connait plus d'un tour. Après notre révolution, il a disparu un moment de la scène. On croyait qu'il prenait sa retraite ; pas du tout. Il était rentré dans la coulisse pour mettre un peu de rouge; puis, après avoir ajouté une nuance à sa peau de caméléon, une pièce à sa veste d'arlequin, il a reparu sans être rappelé et s'est mis à entonner la *Marseillaise*, un drapeau tricolore à la main. Fi ! Il chante faux.

Le constitutionnel. Journal libéral... quelquefois. Il faisait de l'opposition avec M. Thiers et pour M. Thiers. Aujourd'hui il pourrait servir de linceul à ses espérances. S'il nous avait consulté, nous lui aurions conseillé de profiter de la circonstance pour prendre le repos qui convient à son grand âge et à ses infirmités.

Le siècle. Journal fort populaire... par ses feuilletons. Sa politique l'est un peu moins. Mais on ne peut pas avoir tous les bonheurs à la fois.

La presse. Nous avons parlé de son rédacteur, cela suffit. M. de Girardin et son journal ne sont qu'une seule et même personne. — Une gazette en deux volumes.

Le national. Journal aristocratique de la démocratie. Hâtons-nous de dire que son aristocratie résulte surtout de la hauteur de ses vues qui le met quelquefois au-dessus de la portée des intelligences ordinaires, et aussi un peu de l'élévation de son prix qui le met hors de la portée des petites bourses. Cependant c'est un journal de conviction et non de spéculation, et plusieurs de ses actionnaires m'ont affirmé que chaque année ils faisaient des sacrifices pour le soutenir. C'est un des journaux les mieux rédigés et les mieux informés. C'est lui qui le premier a signalé au pays chacun des scandales de l'ancien régime.

LA RÉFORME. Le plus avancé de tous les journaux politiques, le seul qui n'ait pas désespéré de l'avenir, le seul qui ait refusé d'entrer dans l'alliance de l'opposition radicale avec l'opposition constitutionnelle et qui ait été républicain avant la République. Placé en sentinelle avancée sur la route de la liberté, il a le premier compris qu'il y avait dans les événements autre chose qu'une simple réforme. Comme le *National*, ce journal, étranger à la spéculation, n'était soutenu que par les sacrifices de ses amis et surtout de M. Ledru-Rollin.

L'AVANT-GARDE. Journal des écoles. Journal jeune encore et qui a tous les nobles sentiments, toutes les tendances généreuses toutes les illusions de l'adolescence. Il est rédigé en chef par M. *H. Bosselet*, littérateur de talent et homme de cœur. Créé depuis quelques mois à peine, l'*Avant-Garde* est venue au monde tout exprès pour saluer l'espérance de notre régénération et se mettre à la tête de la jeunesse des écoles qui, sous son drapeau, a si bien mérité de la patrie.

APPENDICE.

Avant cinquante ans, l'Europe sera
Cosaque ou Républicaine.

NAPOLÉON. *Mémorial de Ste-Hélène.*

APPENDICE.

——

LA FRANCE DEVANT L'EUROPE.

Avons-nous à redouter une guerre européenne?

La France serait-elle en état de la soutenir?

La craint-elle?

La désire-t-elle?

Un coup-d'œil rapidement jeté sur l'Europe va donner une prompte solution à ces questions. Disons, tout d'abord, que la France désire la paix et ne craint pas la guerre.

Quelle est la situation actuelle de l'Europe?

Plus que jamais l'Angleterre est embarrassée de l'Irlande qui, comme un brûlot incendiaire attaché à ses flancs, menace de la couvrir de ruines. De plus, sous l'impression de notre révolution, les *chartistes* s'agitent, c'est une émeute sociale, prélude d'une révolution politique. Sans sortir de chez elle, l'Angleterre peut avoir une guerre étrangère et une guerre civile. Elle a besoin de la paix.

L'Autriche a grand'peine à recoudre à sa pourpre impériale les lambeaux déchirés de la Pologne, et les lambeaux ensanglantés de l'Italie. La Hongrie se soulève, la Bohême se révolte, la Lombardie se bat, demain peut-être l'Autriche ne sera plus.

L'Allemagne du nord, après avoir échappé au despotisme absolu de l'Autriche, va se soustraire à l'influence constitutionnelle de la Prusse, si Frédéric-Guillaume ne se met résolument à la tête du mouvement et du progrès. L'Allemagne tend à l'unité, comme l'Italie; comme l'Italie elle se rapproche de la France, dont un moment elle s'était défiée. A travers le Rhin, l'Allemagne régénérée tend la main à la révolution française.

La Russie, elle est trop grande ou trop petite, elle a deux têtes et elle n'a pas de centre, elle a aussi son cancer rongeur, le Caucase; seule elle ne peut rien contre nous. Si elle marchait, la Pologne se lèverait une dernière fois, verserait sa dernière goutte de sang pour nous défendre, et, en expirant, nous ferait un rempart de son corps.

L'Espagne et le Portugal ont assez à faire de changer leurs rois et leurs constitutions sans s'occuper de leurs voisins. Ces puissances se sont tellement énervées dans les guerres civiles, qu'une guerre étrangère les trouverait sans ressources et sans force. D'ailleurs, nous avons dans les Pyrénées une barricade naturelle, que vingt gamins de Paris et un drapeau tricolore pourraient défendre au besoin.

Ainsi, l'Europe ne peut pas faire la guerre; de plus, elle ne le veut pas. Les gouvernements, instruits par l'expérience, respecteront les faits accomplis, et s'empresseront d'entretenir de bonnes relations avec la République française. Les rois savent bien que s'ils étaient contre nous, les peuples seraient pour nous; leur salut est dans le maintien de la paix, ils ne s'y trompent pas.

La France a déclaré (*Manifeste de M. de Lamartine aux puissances étrangères*) que les traités de Vienne, imposés par la force, sanctionnés par la trahison, et, depuis, violés par ceux-là même qui en avaient profité, sont déchirés par la révolution française. Cela a pu un moment jeter le trouble dans le monde diplomatique et inquiéter l'Europe monarchique; mais en même temps, la France déclare aussi qu'elle ne songe pas à s'agrandir par les armes, qu'elle ne demande rien pour elle. L'Europe peut avoir foi en sa modération et se rassurer.

Le rôle de la France c'est la propagande pacifique des saintes idées de liberté, d'égalité et de fraternité qui sont sa devise et son drapeau. La France ne prêchera pas la révolte aux nations, mais elle poussera les pouvoirs à la réforme et aux progrès. Et si, dans quelque coin du monde, la main du despotisme s'appesantit sur un pays qui a le droit d'être libre, si un cri de détresse se fait entendre de la Pologne qu'on descend au tombeau, ou de l'Italie qu'on égorge; si un peuple crie : A l'assassin ! la France se dressera, non en ennemi, mais en vengeur... au nom du droit des gens violé et de l'équité méconnue. Partout elle défendra la cause de la justice contre l'iniquité, les droits de la faiblesse contre les abus de la force, les opprimés contre les oppresseurs.

Si de cette conduite belle et noble pouvait sortir la rupture de nos relations internationales, la guerre avec l'Europe, la France serait-elle en état de la soutenir? En doutez-vous? Regardez l'armée, regardez le peuple, la garde nationale, la nation tout entière. Oui la France peut, sans rien craindre, lutter contre l'Europe; il faut la trahison pour la vaincre, et il n'y a plus de traîtres en France.

Voici le résumé de nos forces : La seconde marine de l'Europe, la première artillerie du monde, une cavalerie bien montée, cinq cent mille soldats qui après avoir usé leur dernière cartouche pourraient emporter l'Europe à la baïonnette, vingt-quatre mille volontaires de la garde nationale mobile, les détachements mobilisés de la garde nationale fixe, les corps de réserve..... En tout, un million de Français et la Marseillaise.

Mais ces forces resteront sans emploi. Les rois se tairont et les peuples crieront avec nous :

— *Vive la Révolution Française !*

TABLE